UNIVERSITÉ DE PARIS. — FACULTÉ DE DROIT

LES
JURIDICTIONS COMMERCIALES
AU MOYEN-AGE

ÉTUDE DE DROIT COMPARÉ

THÈSE POUR LE DOCTORAT

PAR

François MOREL

AVOCAT A LA COUR D'APPEL DE PARIS
LICENCIÉ ÈS LETTRES
ANCIEN ÉLÈVE DIPLOMÉ DE L'ÉCOLE DES SCIENCES POLITIQUES

PARIS
LIBRAIRIE NOUVELLE DE DROIT ET DE JURISPRUDENCE
ARTHUR ROUSSEAU, ÉDITEUR
14, RUE SOUFFLOT, ET RUE TOULLIER, 13

1897

THÈSE

POUR LE DOCTORAT

La Faculté n'entend donner aucune approbation ni improbation aux opinions émises dans les thèses; ces opinions doivent être considérées comme propres à leurs auteurs.

UNIVERSITÉ DE PARIS. — FACULTÉ DE DROIT

LES
JURIDICTIONS COMMERCIALES

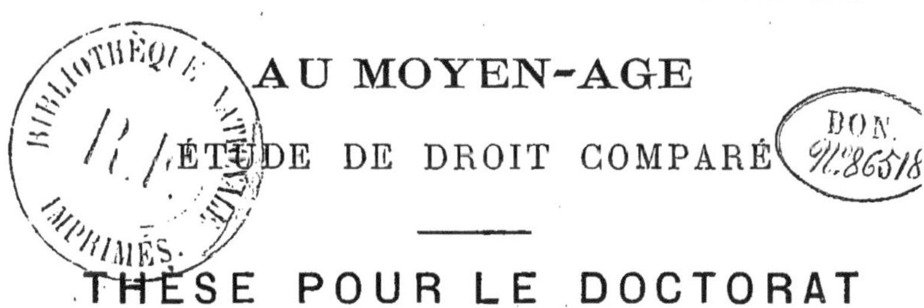

AU MOYEN-AGE

ÉTUDE DE DROIT COMPARÉ

THÈSE POUR LE DOCTORAT

L'ACTE PUBLIC SUR LES MATIÈRES CI-APRÈS
Sera soutenu le samedi 12 juin 1897, à 10 heures

PAR

FRANÇOIS MOREL
AVOCAT A LA COUR D'APPEL DE PARIS
LICENCIÉ ÈS LETTRES
ANCIEN ÉLÈVE DIPLOMÉ DE L'ÉCOLE DES SCIENCES POLITIQUES

Président : M. THALLER.
Suffragants : { MM. ESMEIN, CHÉNON, } *professeurs*.

PARIS
LIBRAIRIE NOUVELLE DE DROIT ET DE JURISPRUDENCE
ARTHUR ROUSSEAU, ÉDITEUR
14, RUE SOUFFLOT, ET RUE TOULLIER, 13

1897

LES JURIDICTIONS COMMERCIALES

AU MOYEN-AGE

AVANT-PROPOS

On ne peut parcourir une bibliographie des ouvrages relatifs à l'histoire des institutions commerciales au Moyen-Age sans être frappé de la pauvreté de notre littérature juridique en ce qui concerne les tribunaux de commerce.

Une monographie de M. Vaesen sur la juridiction commerciale à Lyon, quelques pages de M. Bourquelot sur les gardes des foires de Champagne et de Brie éparses dans un mémoire que ce médiéviste a présenté en 1865 à l'Académie des Inscriptions et Belles-Lettres, un ou deux chapitres de M. Genevois en tête de son volume sur l'Histoire critique de la juridiction consulaire, un article récent de M. Glasson (1) sur les consuls des marchands, voilà à peu près tout ce qui a été publié en notre langue au sujet des magistrats qui ont été les précurseurs et les ancêtres de nos juges consulaires modernes. On le voit, d'excellents aperçus ayant trait à des points spéciaux, mais aucune étude d'ensemble un peu détaillée qui montre dès les temps les plus reculés de l'histoire nationale la formation graduelle

(1) Voyez *Nouvelle Revue historique de droit français et étranger*, année 1897, nº 1, pages 5 et suiv.

d'une institution à laquelle le négoce dut autrefois et doit encore aujourd'hui une partie de sa prospérité.

Veut-on se faire une idée de l'organisation judiciaire des marchands étrangers entre le Xe et le XVe siècle, la pénurie de livres français est encore plus sensible.

Au cours d'une série d'articles sur la place du commerce dans l'histoire générale, l'un de nos maîtres, M. Thaller (1), a eu l'occasion d'indiquer incidemment les causes et les péripéties de l'évolution à la suite de laquelle le tribunal corporatif, à Florence, est devenu un tribunal de commerce. Mais l'auteur, en raison même de l'étendue du sujet qu'il se proposait de traiter, a dû se borner à des explications brèves sur ce qui n'était pour lui qu'un point accessoire.

Plus spéciale, la publication de M. de Valroger relative aux consuls de la mer au Moyen-Age est cependant loin de fournir des données complètes sur le régime judiciaire des colonies de marchands. Or les deux études que nous venons de citer sont les seules auxquelles puissent se référer commodément ceux de nos compatriotes ignorants des langues étrangères qui sont curieux de connaître l'origine et l'organisation des tribunaux de commerce italiens au Moyen-Age.

Quant aux juridictions commerciales allemandes durant la même période, elles ont tellement peu sollicité l'attention française que, si on laisse de côté quelques traductions, elles n'ont été chez nous l'objet d'aucun livre.

Nous avons à peine besoin de faire observer combien de pareilles lacunes sont regrettables. D'abord il y a une question d'amour-propre pour un peuple à ne rien négliger de ce qui intéresse son histoire et celle des peuples voisins.

Ensuite, comme l'a dit fort justement M. Thaller (2), « les institutions décrivent une certaine courbe, elles viennent d'un point donné, ont traversé diverses étapes, prennent

(1) Thaller, *Annales de Droit commercial*, année 1892, pp. 197 et suiv.
(2) *Annales de Droit commercial*, 1892, p. 50.

une direction que l'observation et la réflexion font connaître ou tout au moins conjecturer ». Les tribunaux de commerce ont leur courbe et il n'est pas indifférent pour l'étude de leur organisation présente, pour la détermination des réformes possibles ou probables de savoir quelles étaient autrefois leur composition, leur compétence et leur procédure.

En abordant ce travail, nous n'avons pas cependant la prétention de résoudre tous les problèmes historiques ou juridiques qui touchent au régime judiciaire sous lequel vivaient les marchands au Moyen-Age. Ce serait là sans doute une œuvre méritoire, mais elle n'est pas à la portée d'un simple élève. En attendant qu'elle soit entreprise par quelque personne plus autorisée que nous, nous avons pensé qu'on nous saurait peut-être gré d'appeler l'attention des érudits sur une matière familière à trop peu de gens.

Nous avons divisé notre sujet en trois parties correspondant aux trois grands pays dont les commerçants ont eu au Moyen-Age des institutions judiciaires développées : l'Italie, l'Allemagne et la France. Pour chacun de ces pays, le plan adopté est à peu près le même. A quelle époque sont nées les juridictions spéciales au négoce, sous quelles influences et de quelle manière se sont-elles développées, quels éléments les composaient, quels procès jugeaient-elles, quelle était la jurisprudence en usage, telles sont les questions successives que nous nous sommes invariablement posées. Observons seulement qu'en ce qui concerne la France, où les premiers tribunaux de commerce ont un aspect très varié suivant les lieux, nous avons suivi la méthode régionale, tandis que nous avons étudié en bloc les tribunaux allemands et italiens.

Dans l'élaboration de notre travail, nous avons essayé autant que possible de recourir uniquement au texte même des privilèges ou ordonnances et à maintes reprises nous n'avons pas hésité à en transcrire des passages entiers se rapportant aux tribunaux de marchands. Peut-être trouvera-t-on ces citations un peu fastidieuses. Nous ne sommes certes pas de ceux qui pensent que les textes suffisent à s'expliquer les uns les autres, mais nous estimons néanmoins que toute affirmation doit reposer sur un document, que toute idée générale doit être corroborée par un ensemble de faits particuliers. Nous serions heureux si ceux qui liront cette modeste étude avaient l'impression que nous avons mis nos principes en application.

INTRODUCTION

LES JURIDICTIONS COMMERCIALES DANS L'ANTIQUITÉ.

Dès la plus haute antiquité l'on a compris que, lorsque les marchands étaient obligés de recourir à la justice, on devait, eu égard à leur état, soumettre les procès auxquels ils se trouvaient mêlés à des règles particulières, de manière à leur accorder certaines facilités, certaines garanties refusées aux autres plaideurs. Si les conditions dans lesquelles s'effectue le commerce ont étrangement varié à travers les âges, autrefois comme aujourd'hui ceux qui s'y livraient avaient besoin d'avoir leurs coudées franches. Les communications entre eux étaient fort rapides. Rien ne leur eût donc été plus funeste, en certains cas, que d'être contraints d'attendre longuement dans une ville la solution d'un différend, quand leurs intérêts les appelaient ailleurs. D'un autre côté le caractère technique des affaires mercantiles exigeait des connaissances spéciales chez les magistrats chargés de les examiner. Enfin la variété des accords commerciaux était telle qu'il eût été souvent difficile, si l'on s'en fût tenu à l'application stricte des règles du droit civil, de tenir un compte équitable des obligations contractées par les négociants, quand un conflit venait à s'élever. Pour toutes ces raisons, qui subsistent encore à l'époque actuelle, les anciens ne se sont pas moins préoccupés que nous-mêmes du régime applicable aux litiges mercantiles.

Seulement ils n'ont pas toujours résolu de la même manière le problème qui se posait à eux. Tantôt ils se sont bornés à élargir les cadres du droit commun, à atténuer ses rigueurs de façon à le plier aux exigences du commerce et alors les magistrats ordinaires ont pu sans inconvénient remplir le rôle de juges commerciaux. Tantôt, plus hardis dans leurs réformes, ils ont créé de toutes pièces des tribunaux qui avaient une organisation, une procédure spéciale et qui s'inspiraient de principes souvent assez différents de ceux que l'on observait au cours des procès civils.

Bien que les renseignements que nous possédons sur la justice commerciale en Grèce soient des plus limités, il n'est pas douteux que c'est à la seconde de ces deux solutions que s'arrêtèrent les Athéniens. Plusieurs textes prouvent en effet qu'ils possédaient des tribunaux de marchands.

C'est d'abord un passage tiré du livre de Xénophon sur les revenus de l'Attique (1) : « Si l'on proposait, écrit le philosophe, des gratifications aux juges du tribunal de commerce qui terminent les procès avec le plus d'équité et de célérité, de manière que celui qui veut mettre à la voile ne soit pas arrêté, il y a fort à parier que le nombre de ces magistrats augmenterait et qu'ils vaqueraient plus volontiers à leur besogne. »

Démosthène laisse entendre, de son côté, au cours de son plaidoyer contre Apaturius (2) que ceux qui lésaient les commerçants pouvaient être l'objet de rigueurs particulières : « La loi, dit-il, donne aux marchands et aux armateurs, chaque fois qu'ils souffrent d'un dommage, le droit de recourir aux thesmothètes et les accusés reconnus coupables sont mis aux fers jusqu'à ce qu'ils aient acquitté le montant de la condamnation prononcée contre eux. »

Enfin Lysias nous apprend dans son discours Περι δημοσιων

(1) Xénophon, *Revenus de l'Attique*, chapitre III.
(2) Voyez Œuvres de Démosthène. Edition Didot, p. 465.

χρηματων (1) l'existence de deux catégories de fonctionnaires, les thesmothètes et les nautodices, qui intervenaient dans les différends commerciaux. « L'année passée, dit-il, les thesmothètes, reconnaissant que ma réclamation se rapportait à une affaire mercantile, en ont pris bonne note et voilà que maintenant, alors que le litige est devant les nautodices, le mois de Gamélion a beau être arrivé, l'on discute encore ! »

Les affirmations des trois auteurs que nous venons de citer démontrent péremptoirement qu'il y avait à Athènes des magistrats particuliers pour vider les procès concernant les marchands.

Maintenant quelles étaient au juste les fonctions respectivement dévolues aux thesmothètes et aux nautodices ? C'est là une question délicate, qui a été souvent négligée ou étudiée d'une façon imparfaite.

Ainsi M. Gragnon-Lacoste (2) n'établit entre thesmothètes et nautodices aucune distinction. Il laisse presque entrevoir qu'ils agissaient concurremment et qu'ils avaient des rôles similaires.

D'autres auteurs ont élargi outre mesure la sphère d'action des thesmothètes et ont prétendu en retour que les nautodices n'avaient eu qu'une existence éphémère. Les partisans de ce système se sont appuyés sur ce que Lysias est le seul orateur attique qui mentionne les nautodices et sur ce que Démosthène ne parle nulle part de ces magistrats. Ils en ont conclu que la charge de nautodice n'avait pas existé au delà du temps où vivait Philippe de Macédoine.

Nous ne pouvons, en ce qui nous concerne, souscrire à cette opinion, car Lucien parle des nautodices dans un de ses dialogues qu'il place après la mort d'Alexandre. D'au-

(1) Voyez Discours de Lysias. Edition Didot, p. 175.

(2) Gragnon-Lacoste, *Précis historique de juridiction consulaire*, pp. 3 et 4.

tre part le passage de Lysias que nous avons cité, nous semble clairement indiquer que les thesmothètes et les nautodices avaient des missions parfaitement séparées. Les données assez nombreuses que l'on possède sur les thesmothètes venant encore nous confirmer dans cette idée, nous nous rallierons volontiers à la théorie de M. Caillemer(1), qui croit à l'existence simultanée des thesmothètes et des nautodices et qui leur attribue des tâches différentes.

Voici, d'après lui, comment les choses se passaient. Il y avait à Athènes, pour découvrir les infractions nombreuses qui lésaient tantôt un intérêt public, tantôt un intérêt privé, des enquêteurs investis de pouvoirs fort étendus. Ces enquêteurs qui, toute différence gardée entre les époques, n'étaient pas sans présenter quelques analogies avec nos procureurs d'aujourd'hui, étaient les thesmothètes. A la suite des informations qu'ils recueillaient, ils déféraient certaines causes aux tribunaux et donnaient publiquement connaissance du jour où chacune d'elles devait venir. Ils ne jugeaient pas eux-mêmes, mais ils constituaient une sorte de grand jury qui décidait s'il y avait lieu à suivre. Leur arrivait-il de recevoir une plainte formulée par un marchand contre l'un de ses confrères, ils prenaient connaissance des pièces intéressant le débat, ils examinaient si à première vue la demande paraissait justifiée et, du moment où elle reposait sur quelques arguments solides, ils la transmettaient au tribunal des nautodices.

Ceux-ci étaient des juges spéciaux choisis parmi les commerçants et investis d'un mandat qui durait une année (2). Ils siégeaient au Pirée, au milieu même du plus grand mouvement commercial d'Athènes. Pour fixer le moment auquel avaient lieu leurs audiences, l'on avait fort judicieusement tenu compte du chômage périodique de la navigation. Les armateurs grecs n'osaient, pendant

(1) Voyez Caillemer, *Etudes sur les institutions juridiques d'Athènes.*
(2) Cf. Miltitz, *Manuel des consuls*, tome I, page 12.

l'hiver, exposer leurs hommes et leurs vaisseaux aux caprices de la mer. Tous leurs voyages s'accomplissaient en général depuis le mois de Munychion jusqu'au mois de Boedromion (1). L'on comprend que si, durant cette période, la seule où les longues traversées fussent possibles, un marchand avait été obligé de rester au port afin de surveiller devant les tribunaux la marche d'une affaire en cours, s'il n'avait pu prendre part à la campagne annuelle, il aurait souvent subi, de ce fait, un préjudice supérieur à celui qui pouvait résulter pour lui de la perte de son procès. Aussi les nautodices ne venaient occuper leurs sièges que pendant les six mois où les rigueurs des saisons, en rendant les voyages périlleux, obligeaient les négociants à garder dans leur ville un repos absolu.

Quelques auteurs ont même prétendu que ce tribunal ne siégeait qu'une fois par mois (2) et que les affaires urgentes qui survenaient dans l'intervalle de ses séances étaient confiées à des magistrats désignés sous le nom d'*επαγωγοι*. Mais, en ce qui nous concerne, nous ne pouvons souscrire à cette théorie. Pour plusieurs motifs elle nous semble inexacte.

D'abord on possède le texte de certains discours prononcés devant les nautodices et ces discours contiennent des développements relativement importants. Eh bien ! comment concevoir qu'un tribunal admette des plaidoiries aussi longues si, ne tenant séance que six fois par an, il a à juger un nombre considérable de litiges parfois délicats ?

En outre, remarquons-le, il serait étrange que les Athéniens, qui comprenaient à merveille combien l'habitude des affaires et l'initiation aux usages étaient des conditions essentielles pour trancher équitablement les différends commerciaux, n'eussent accordé qu'une compétence

(1) C'est-à-dire du mois d'avril au mois d'octobre.

(2) Cf. Miltitz, *op. cit.*, p. 13.

absolument exceptionnelle à ceux qui, de tous leurs magistrats, remplissaient le mieux ces conditions.

Enfin les renseignements que les écrivains anciens nous ont laissés, tendent à faire croire que les épagogues n'étaient point de véritables juges. Les épagogues se rendaient, paraît-il, à bord des navires et là, ils entendaient les parties et terminaient les différends sur le champ sans autre procédure ni formalité. Une telle manière d'agir n'est-elle pas plutôt celle d'un arbitre que celle d'un tribunal ? C'est ici, à ce qu'il nous semble, le cas de se rappeler que l'arbitrage était fréquent à Athènes, comme le prouve un passage de Démosthène, qui nous montre qu'on avait estimé nécessaire d'en régler les effets : « Si des citoyens, lit-on dans le plaidoyer contre Midias, veulent, au cours d'un démêlé particulier, choisir un arbitre, ils pourront prendre celui qu'ils voudront. Quand il aura décidé, ils ne pourront porter leurs plaintes à un autre tribunal ; la sentence de l'arbitre aura force de jugement et sera irrévocable ».

Pour nous, les épagogues étaient des arbitres. En cette qualité, ils aidaient peut-être les nautodices, mais ils ne leur faisaient point la concurrence comme magistrats.

A la différence de presque tous les tribunaux athéniens, les nautodices étaient chargés de procéder eux-mêmes à l'instruction des procès qui venaient devant eux (1). Cette prescription était des plus logiques et des plus heureuses. Des hommes dépourvus de connaissances techniques et n'ayant aucune habitude des relations commerciales n'auraient en effet pu remettre aux juges chargés de rendre la sentence que des rapports fort incomplets, fort défectueux sur les conditions dans lesquelles se présentait la cause. De plus, ils n'auraient probablement pas examiné les litiges avec la diligence dont faisaient preuve les marchands. Ceux-ci, restant à l'écart des affaires politiques, avaient

(1) Cf. Schœmann, *Antiquitates juris publici Græcorum*, Greifsvald, 1838, p. 284, § 59.

en général des loisirs. Il en résultait que les affaires ne traînaient pas en longueur. Au temps de Démosthène, le jugement était ordinairement prononcé dans le mois de l'introduction de l'instance.

Pour que les décisions de la justice fussent rapides à ce point, il fallait assurément que la procédure fût sommaire. Toutefois elle n'arriva pas sans doute du premier coup à la perfection, car on ne reconnaît pas toujours son excellence et quelques orateurs, Isocrate par exemple, vont même jusqu'à se plaindre de ses lenteurs (1). Dans un passage que nous avons eu déjà l'occasion de citer, Xénophon laisse entendre de son côté, que le zèle des nautodices avait quelquefois besoin d'être stimulé.

Quoi qu'il en soit, cette juridiction offrait aux plaideurs consciencieux, les plus sérieux avantages. Ses arrêts, rendus en dernier ressort, n'étaient point susceptibles d'être éludés. « Le défendeur qui succombait, dit M. Caillemer, devait immédiatement exécuter le jugement ou se résigner à rester en prison jusqu'au jour où il donnait satisfaction à son adversaire. » Quant au demandeur qui se désistait de son action après l'avoir intentée ou qui échouait sans obtenir le cinquième des suffrages, il était condamné à payer une amende de mille drachmes.

Non seulement la Grèce antique, on le voit, possédait des magistrats particuliers devant lesquels les marchands pouvaient formuler leurs réclamations, mais encore ces magistrats avaient à leur disposition des armes efficaces soit pour assurer une prompte réparation à ceux qui avaient été lésés, soit pour combattre l'esprit de chicane (2).

(1) Isocrate, *Trapezeticus*. Collection Didot, pp. 251 et suivantes.

(2) Dans son *Étude sur la place du commerce dans l'histoire générale* (*Annales de droit commercial*, année 1892, p. 154), M. Thaller a signalé un passage emprunté au plaidoyer de Démosthène contre Lacrite qui laisse bien soupçonner qu'il y avait à Athènes un droit spécial en matière de commerce : « Οὐχ ἅπασιν ἡμῖν οἱ αὐτοὶ νόμοι γεγραμμένοι εἰσὶ καὶ τὸ αὐτὸ δίκαιον περὶ τῶν ἐμπορικῶν δικῶν ; » s'écrie le grand orateur s'adressant à son adversaire. Cf. *Œuvres de Démosthène*, édition Didot, p. 489.

C'est en vain que l'on chercherait à Rome des juges spécialement chargés de la connaissance des contestations commerciales. On a prétendu, il est vrai, que l'empereur Claude avait accordé aux commerçants de Cadix le privilège d'être affranchis de la juridiction des tribunaux que César avait établis en Espagne, mais le fait est loin d'être certain et le serait-il, qu'il y aurait quelque témérité à tirer d'une exception locale des conclusions d'une portée générale.

Il nous paraît tout aussi exagéré de regarder comme des magistrats mercantiles les édiles, qui avaient la surveillance du marché aux esclaves et au bétail. Sans doute, ils avaient mission de trancher les difficultés qui pouvaient naître à l'occasion d'une vente, d'un louage ou de quelque autre contrat du même genre passé sur le *forum boarium*. Mais d'abord, seules, les diverses catégories de négociants qui fréquentaient le forum avaient recours à leur intervention ; les autres, de beaucoup les plus nombreuses, liquidaient leurs différends devant les tribunaux civils. Et puis il semble bien difficile de considérer les fonctions judiciaires des édiles comme autre chose qu'un simple prolongement de leurs fonctions policières. Il est fort probable en effet que la justice édilitienne est toujours restée limitée au commerce du marché et que les édiles n'ont jamais connu des contrats qui n'avaient pas été conclus au marché, c'est-à-dire dans les lieux mêmes placés sous leur surveillance (1).

Doit-on enfin attribuer la qualité de juge de commerce au préfet de l'annone, qui statuait sur les contestations

(1) C'est du moins l'opinion de Mommsen et Marquardt (*Manuel des antiquités romaines*, IV, 196). Contre cette opinion l'on invoque que l'édit des édiles, dans la rédaction qui figure aux Pandectes, n'est pas limité aux ventes du marché. Mais l'on répond que, s'il en est ainsi, c'est probablement par suite d'une erreur, car, dans la rédaction qui se trouve dans Aulu-Gelle (IV, 2) il est prescrit de mettre un *titulus* à chaque esclave, ce qui ne convient qu'aux ventes des marchés.

entre armateurs et capitaines et sur les actions des vendeurs de grains en paiement de leur prix ? Nous ne le pensons pas davantage, car, d'une part, ce magistrat n'intervenait, de même que l'édile, qu'entre certains marchands, à propos de certaines espèces de litiges et, d'autre part, comme il avait pour principale tâche de châtier les coalitions des joueurs à la hausse et les manœuvres des accapareurs, il nous apparaît surtout comme un juge correctionnel.

En résumé, aucun tribunal spécial aux marchands n'a existé, à notre avis, chez les Romains. Tout au plus, afin que les commerçants n'attendissent pas trop longtemps l'issue de leur procès, avaient-ils pris quelques mesures du genre de celle que l'on trouve dans le Code au titre *De Naufragiis* (1) : « De submersis navibus decernimus, ut levato velo « istæ causæ cognoscantur.... Si vero causarum talium « cognitores, libelli datione vel plenariâ interpellatione « commoniti, intra biennium has causas audire neglexerint « et hoc fuerit tempus elapsum, dit une constitution des « empereurs Honorius et Théodose, præjudicium noceat « eatenus cognitori, ut navicularío propter vitium judicis « absoluto, mediam oneris ejus partem, propter cujus « probandam amissionem legitimo duntaxat tempore co- « gnitio petebatur, judex cogatur inferre : residuam vero « officium ejus exsolvat. » Ainsi, dans les contestations « maritimes, le juge était pécuniairement responsable de son inexactitude.

Mais une responsabilité analogue existait-elle quand le différend ne concernait point les gens de mer ? Il est difficile de se prononcer à cet égard. D'ailleurs, quand même il serait possible d'établir que, chaque fois qu'il s'agissait d'une affaire mercantile, des pénalités attendaient le magistrat négligent, on ne pourrait évidemment pas aller jusqu'à en conclure qu'il y avait à Rome, en matière de

(1) Code, Titre V, Livre XI.

négoce, une procédure particulière ou des juges spéciaux.

Comment donc expliquer que, chez une nation qui était célèbre par son luxe, qui tirait ses aliments des pays les plus éloignés, qui posséda après la ruine de Carthage une marine considérable, nous ne trouvions ni code de commerce, ni tribunaux de commerce chargés de l'appliquer?

La première raison de cette double lacune, c'est que pendant plusieurs siècles, tant que les Romains, demeurant dans les limites de leur territoire, se bornèrent à trafiquer entre eux, le droit civil fut suffisant pour régler les négociations des commerçants et pour donner les moyens de trancher les contestations qui les divisaient. « Les principes généraux sur les choses qu'il était permis ou interdit de vendre, dit M. Pardessus, et sur les diverses clauses dont la vente était susceptible, les droits sur la répression des infidélités dont les vendeurs se rendaient coupables, pouvaient s'appliquer aux achats et ventes faits avec intention de spéculer, les seuls qui soient proprement des actes de commerce, comme à ceux qui n'avaient que la consommation individuelle pour objet. Il en était de même des règles sur la validité, les effets ou la rescision des contrats, sur les qualités et les risques de la chose vendue, mise en gage, déposée, transportée d'un lieu dans un autre et c'était aussi par le droit commun sur la capacité de contracter que dut être réglée celle des mineurs, des fils de famille, des femmes qui se livraient au commerce (1)... Le droit civil avait également prévu avec une admirable sagacité tous les cas que la position d'un débiteur insolvable pouvait faire naître, relativement à l'annulation des actes faits en fraude des créanciers, à leurs droits sur les biens abandonnés par le débiteur ou dont le juge leur avait attribué la possession, à l'ordre de préférence ou de collocation des diverses classes de créanciers, au pacte

(1) Pardessus, *Lois maritimes antérieures au 18e siècle*, I, 55.

rémissoire, etc. Toutes ces règles ne durent éprouver aucune modification parce que le débiteur était commerçant ou que les engagements qui avaient causé son insolvabilité appartenaient au commerce » (1).

La seconde raison, c'est que, sous l'empire de la procédure formulaire que l'on pratiquait encore à la fin du troisième siècle, le choix du *judex*, de l'*arbiter* étant abandonné à la volonté des parties (2), rien ne les empêchait de désigner quelqu'un doué d'une grande largeur de vues, possédant des connaissances techniques développées, en particulier un marchand exerçant la même profession qu'elles. Or remarquons que si l'*arbiter* était obligé de rester dans les termes de la question posée par le magistrat, c'était à lui seul que revenait le soin d'examiner les points de fait. Par suite, quand il n'y avait aucun problème de droit à résoudre, il tenait le plus souvent entre ses mains le sort du procès. Les marchands avaient beau ne point comparaître devant un tribunal composé de marchands; ils arrivaient, on le voit, indirectement à être, dans une certaine mesure, jugés par leurs confrères et cette situation dura jusqu'à la décadence de l'Empire romain, c'est-à-dire bien au delà de la période durant laquelle le droit civil était encore strict et formaliste.

Un troisième motif enfin, c'est que l'existence d'un droit particulier aux commerçants choquait au plus haut point l'idée que les Romains avaient de l'unité du droit. L'esprit des Romains (3) était essentiellement traditionaliste. Ils

(1) Pardessus, *op. cit.*, I, 58.

(2) Cf. De Keller, *De la procédure civile et des actions chez les Romains*, p. 35.

(3) Au point de vue du développement des institutions juridiques, rien ne rappelle mieux l'esprit romain que l'esprit anglais. L'on sait que les Anglais abrogent rarement même les dispositions les plus démodées. Leur législation inextricable ressemble à une immense forêt où la hache ne passerait point, mais où l'on planterait sans cesse de nouvelles essences plus vigoureuses que les anciennes et destinées à les étouffer peu à peu.

tenaient, tout en corrigeant le passé, à avoir l'air de le respecter. Aussi, quand ils voulaient opérer une réforme, ne recouraient-ils jamais à une addition ou à une suppression franchement avouée. Ils préféraient torturer les textes, en tirer par une interprétation abusive ce qui n'y était point contenu. On a comparé avec beaucoup d'ingéniosité et de justesse la façon dont ils s'y prenaient, quand ils sentaient le besoin d'élargir leurs conceptions juridiques, au procédé d'un propriétaire d'hôtel qui, attendant de nouveaux venus et ne sachant où les loger, prendrait des dispositions pour augmenter le nombre des appartements ou celui des étages, plutôt que d'ordonner la construction d'un pavillon séparé.

Lorsque le commerce faisait remarquer l'étroitesse du vieux cadre formaliste, on commençait par apporter une exception aux règles du droit civil sur le point précis où elles s'étaient montrées le plus gênantes. Peu à peu l'exception se généralisait, mais c'était pour devenir la règle nouvelle. Prenons un exemple. L'on sait que tout d'abord, dans le contrat de mandat, le mandataire s'obligeait seul et ne stipulait des tiers que pour lui seul. Quand le principe de la non-représentation parut suranné, la théorie nouvelle qu'on inaugura fut d'abord restreinte au commerce maritime. Plus tard seulement, on élargit progressivement son champ d'application jusqu'à ce qu'elle s'étendit même au commerce de terre. Il y eut donc à Rome une sorte de commercialisation progressive du droit civil.

Si on ajoute à cela que le droit civil, dès l'origine, y était, du moins dans certaines parties, plus commercial que partout ailleurs, comme on en peut juger par la situation du débiteur insolvable qui ressemblait beaucoup plus à notre faillite qu'à notre déconfiture (1), si l'on tient compte de ce que la magistrature prétorienne avait un

(1) L'insolvabilité, même pour le non-commerçant, entraînait l'infamie, le dessaisissement des biens et la nomination d'un syndic.

esprit particulièrement large, de ce qu'elle était toujours à l'affût des nouveautés, des améliorations et qu'elle avait dans son édit annuel un merveilleux moyen de réaliser presqu'immédiatement ce qui lui paraissait profitable au trafic, on ne sera pas autrement étonné que les Romains, bien que venant après les Grecs, n'aient même pas eu l'embryon de juridiction mercantile que nous avons trouvé chez ces derniers. Rome ne posséda point de tribunaux de commerce parce que l'excellence de son droit civil, la pratique de l'arbitrage sous des formes déguisées, les usages de ses magistrats ordinaires, législateurs autant que juges, les rendaient superflus.

Que si maintenant nous essayons d'établir le bilan des institutions se rapportant à la justice commerciale, que l'antiquité a léguées au Moyen-Age, nous voyons qu'il est assez modeste. Les exemples fournis par les Grecs étaient trop éloignés et trop imparfaits pour qu'on pût songer à les imiter. D'ailleurs, leurs juges mercantiles ne s'occupaient guère que des litiges maritimes et le commerce terrestre, avec la multiplication des routes, devait, après les invasions, prendre un développement considérable. Quant aux Romains, le système qu'ils avaient adopté, était impraticable pour tout peuple qui n'avait point, en même temps que leur tournure particulière d'esprit, une civilisation qui lui permît d'évoluer à travers les subtilités du droit, en se servant de ces subtilités comme d'un instrument de progrès.

L'honneur d'avoir propagé une institution aussi utile, aussi féconde en résultats pratiques que celle des tribunaux de commerce ne saurait donc en aucune façon être rapporté à l'antiquité. Elle ne les a connus qu'à l'état embryonnaire.

PREMIÈRE PARTIE

LES JURIDICTIONS COMMERCIALES ITALIENNES.

PRÉAMBULE

INSUFFISANCE DU DROIT COMMUN EN MATIÈRE COMMERCIALE APRÈS LES INVASIONS BARBARES.

Si, comme nous l'avons vu, le besoin de juridictions spécialement créées pour trancher les différends qui naissent du commerce ne s'est fait sentir qu'à un faible degré dans l'antiquité, si primitivement les juges ordinaires, à Rome, réglaient aussi bien une question de trafic qu'un litige portant sur l'interprétation d'un testament ou même qu'une affaire pouvant aboutir à une condamnation pénale, c'est que de bonne heure, la justice s'était pliée aux exigences inhérentes au négoce (1).

(1) M. Thaller, après avoir constaté l'absence de juridictions commerciales à Rome, a donné de cette absence une explication absolument identique à la nôtre : « Le commerce, a-t-il écrit, n'a pas à se façonner sur un type corporatif, quand les pouvoirs publics placés au-dessus de lui savent le protéger et le comprendre..... En raison de la pénétration rapide du droit privé par les conceptions de la philosophie libérale, les hommes de négoce n'eurent pas à se placer sous un statut protecteur qui leur fût propre. » Cf. *Annales du Droit commercial*, année 1892, p. 156.

Celui-ci ne saurait être florissant qu'autant que les rapports multiples auxquels il donne lieu présentent le triple caractère de simplicité, de rapidité et d'économie. Or c'est surtout lorsque les rapports deviennent tendus, lorsqu'une contestation est sur le point de naître, ou vient de naître, que ces trois qualités sont indispensables.

Les Romains avaient admirablement compris ce besoin. Pour le satisfaire, ils avaient dépouillé peu à peu la procédure de toutes les formes qui la rendaient longue et dispendieuse, leurs prétoires s'étaient ouverts aux étrangers comme aux nationaux ; partout, dans les pays où s'étendait leur domination, la rigueur des textes avait été tempérée par l'application des principes d'équité ; partout aussi des mesures d'exécution rapides et sûres procuraient aux plaideurs victorieux le bénéfice des décisions prises à leur profit.

La chute de l'Empire, en marquant le début d'une période troublée, amena des mœurs nouvelles dont les commerçants n'eurent pas à se louer. A la sécurité et à l'ordre garantis par des autorités relevant d'un robuste pouvoir central, succéda tout à coup, dans la tourmente des invasions, un régime de violences et de guerres continuelles, qui devaient aboutir à rendre toute justice illusoire ou impossible. Ceux qui jusque-là s'étaient livrés aux arts de la paix furent naturellement les premières et les principales victimes d'un pareil état de choses.

Pour sortir de l'anarchie, pour s'assurer le libre exercice de leur profession, pour obtenir le respect de leurs biens et de leurs droits si souvent menacés soit par les seigneurs, auxquels ils étaient désormais soumis, soit par des confrères peu scrupuleux, les marchands des divers pays avaient deux moyens : s'emparer du pouvoir politique, en vue de transformer eux-mêmes l'organisation judiciaire à leur profit, ou bien lier leur sort à celui des royautés naissantes, quitte à en exiger plus tard des privilèges propres à hâter la solution des incessantes difficultés auxquelles le commerce donne lieu.

Le premier de ces deux moyens fut surtout expérimenté en Italie, où nous allons voir les juridictions commerciales se dégager peu à peu de l'organisation des corporations, maîtresses après de longues luttes des cités septentrionales ; le second trouva principalement son application en France et en Allemagne, où les juges des foires vont tenir leurs assises avec la protection du souverain.

CHAPITRE PREMIER

LES TRIBUNAUX DE COMMERCE ITALIENS A L'INTÉRIEUR DE L'ITALIE.

SECTION I. — Les origines et le développement de la compétence.

Le triomphe des corporations en Italie a précédé de plusieurs siècles l'ère de prospérité et d'indiscutable suprématie qui s'ouvrit pour les principales monarchies d'Europe seulement à la fin du Moyen-Age.

De plus, si l'origine de certaines juridictions commerciales doit être avant tout cherchée dans les coutumes en honneur sur les grands marchés internationaux, ce serait un tort de méconnaître que les marchands italiens, habitués dès longtemps à passer les Alpes, ont contribué sinon à la formation de ces juridictions, tout au moins à leur vogue et à leur multiplication.

Donc, soit afin d'obéir à l'ordre chronologique, soit afin de tenir compte de l'ancienne prépondérance commerciale de nos voisins du sud-est, c'est en Italie tout d'abord que nous essaierons d'étudier comment un tribunal et un droit de nature spéciale ont surgi peu à peu dans l'intérêt des négociants.

Mais nous avons déjà laissé entrevoir que la réforme de la justice et la spécialisation de certains de ses organes, réalisées seulement quand les corporations devinrent prépondérantes, étaient intimement liées, dans les cités de la Péninsule, aux modifications de la forme gouvernementale. Quelques explications sur l'état politique de l'Italie au Moyen-Age sont donc nécessaires.

Si l'on excepte Venise que sa situation géographique mit à l'abri des convoitises étrangères, Amalfi, Naples et Gaëte qui s'étaient de bonne heure affranchies de la souveraineté des empereurs d'Orient (1) et s'étaient constituées en républiques indépendantes, les libertés municipales n'existaient au Xe siècle dans aucune des villes italiennes. Celles du sud avaient à leur tête des agents envoyés de Constantinople ; dans celles du nord, sous le gouvernement apparent des rois carolingiens et des ducs de Frioul, l'anarchie était devenue permanente. L'on y voit les révolutions succéder aux révolutions comme les vagues aux vagues, sans apporter un principe de progrès. Le pouvoir appartient en général à des comtes qui choisissent, pour exercer les fonctions judiciaires, des échevins, dont le seul souci est de légaliser le despotisme en donnant l'exemple de la soumission. Le maître change avec les vicissitudes de la guerre, mais c'est toujours la même tyrannie à peine déguisée.

C'est dans cet état que l'empereur d'Allemagne, Othon Ier, trouva l'Italie quand, en 951, il y descendit, en vue de protéger la veuve du roi Lothaire, Adélaïde, contre les persécutions de son successeur et rival, Bérenger II. Pour mettre un terme aux empiétements des comtes, ses vassaux, Othon ne vit rien de mieux que de s'attirer l'affection des cités en les laissant organiser elles-mêmes, sous son approbation tacite, leur propre gouvernement. Ce fut là l'origine de l'émancipation des communes italiennes. Favorisées par l'éloignement du souverain, par la division de la noblesse, par les querelles sans cesse renaissantes du

(1) Les empereurs d'Orient suivirent toujours à l'égard des villes de la Péninsule soumises à leur domination une politique antilibérale. Vers le VIIIe siècle, les citoyens de ces villes furent privés du droit de nommer leurs magistrats. Au Xe siècle, l'empereur Léon le Philosophe, complétant l'œuvre de ses prédécesseurs, supprima purement et simplement les municipalités comme « devenues sans objet et ne se rattachant à rien dans l'ordre politique ».

haut clergé et des représentants de l'empereur, les cités fortifièrent si rapidement leur autonomie qu'en moins d'un demi-siècle, elles furent en mesure de résister à ceux-là mêmes auxquels elles devaient en partie leur émancipation.

Le pouvoir dans chaque ville appartint dès lors aux corporations d'arts et métiers. Celles-ci, dont on trouve des traces dès les premiers siècles de notre ère et qui avaient même reçu des empereurs Valentinien et Valens une consécration légale (1), avaient obscurément et péniblement survécu au milieu des crises de la domination barbare. Leurs membres, gens actifs et industrieux, avaient longtemps été les victimes des maîtres du gouvernement, qui les rançonnaient quand ils ne ruinaient point leurs entreprises par des luttes sanglantes.

Résignés tant qu'ils furent impuissants, les marchands affirmèrent bien haut leurs ambitions lorsque les empereurs entrèrent en lutte avec les comtes et les évêques,

Le succès leur fut d'autant plus facile que, durant de longues années, il n'exista aucune force organisée en dehors des corporations. En raison même de cette circonstance, gouvernement, administration, justice, tout tomba du même coup entre leurs mains et c'est ainsi, qu'au début, ceux qu'ils déléguèrent dans l'exercice du pouvoir, les *consules de communi*, comme on les nomma, qui furent en quelque sorte les présidents des villes libres

(1) Sous le règne de ces empereurs, les industries commencèrent à former des associations, dont les membres liés au métier d'une manière indissoluble, se trouvaient dans l'impossibilité de s'en séparer eux et leur postérité. Ces associations pouvaient recevoir des legs et des donations, hériter de leurs adhérents, quand ils mouraient sans héritiers légitimes et sans laisser de testament. Elles avaient leurs statuts, leurs patrons, leurs syndics, leur police. Diverses parties du service public et de l'approvisionnement ou du service impérial étaient mises à leur charge et elles étaient indemnisées de leurs lourdes obligations par une série de monopoles.

et qui, à Gênes et à Pise, par exemple, succédèrent directement aux comtes (1), nous apparaissent avec le caractère de hauts fonctionnaires investis des fonctions les plus diverses.

C'est là un trait de la plus grande importance pour comprendre comment sont nés les tribunaux de commerce italiens et surtout comment ils ont pu devenir dans l'Etat, en dépit de leur origine corporative, ce qui équivaut à dire en dépit de leur origine privée, une institution publique. Les corporations ayant un instant absorbé la personnalité de l'Etat, quand cette personnalité se retrouvera, quand les premiers magistrats de la cité auront oublié leurs origines et qu'on aura distrait de leurs attributions ce qui concerne plus spécialement les corps de métiers, ceux qui auront profité de ce dédoublement de fonctions, quoique chargés de veiller sur des intérêts particuliers, conserveront toujours certaines attaches avec les gardiens des intérêts généraux. De cette manière, les difficultés naturelles qu'il y avait à étendre, en la rendant obligatoire, une juridiction d'abord restreinte aux gens qui l'avaient librement acceptée, devaient se trouver notablement diminuées.

Il importe donc au plus haut point de nettement établir la parenté qui existe entre les premiers juges commerciaux et les *consules de communi* et nous y arriverons précisément en examinant comment les fonctions de ces derniers ont été successivement restreintes.

Tant que le commerce des villes fut de médiocre importance, aucun démembrement de l'autorité souveraine ne parut nécessaire à leurs citoyens. Entourés d'un conseil de confiance, la *credenza* (2), conseil secret et peu nom-

(1) Cf. Silberschmidt, *Die Enstehung des deutschen Handelsgerichts*, p. 3.

(2) Cf. Goldschmidt, *Universalgeschichte des Handelsrechts*, 1891, p. 153, remarque 38 ; Lastig, *Entwickelungsgeschichte und Quellen des Handelsrechts*, p. 103 et Silberschmidt, *op. cit.*, p. 3.

breux qui les assistait de ses lumières et prenait avec eux les mesures les plus importantes, les *consules de communi* traitaient aussi bien une question de finances qu'une question d'administration. Un jour chargés, comme diplomates, de régler des conflits interurbains, ils tranchaient le lendemain, comme juges, de simples différends entre particuliers (1).

Mais bientôt, avec le développement de la liberté et les progrès parallèles de la civilisation, le trafic, favorisé à l'intérieur par l'amélioration des canaux et des routes, à l'extérieur, par les expéditions lointaines de la chrétienté, prit des proportions considérables. Sous la protection d'un pavillon partout respecté, les richesses de l'Orient vinrent s'entasser dans les villes du littoral ; dans les villes de l'intérieur, la fabrication des armes et des étoffes de laine créa des capitaux de réserve que des banquiers, célèbres sous le nom de Lombards, firent rapidement déborder sur toute l'Europe occidentale.

Avec le nombre des affaires s'accrut nécessairement celui des procès. Dès lors, les *consules de communi*, qui, nous l'avons vu, ne manquaient pas de besogne en dehors de celle que leur procurait leur rôle de juges, devinrent absolument incapables de remplir leur trop lourde tâche (2). Il fallut donc aviser.

On expérimenta concurremment plusieurs expédients.

Assez souvent on mit à profit la division déjà ancienne des villes en circonscriptions : aux consuls existants on en ajoutait d'autres et, de la sorte, on était en mesure de placer à la tête de chaque quartier un magistrat distinct (3).

Tantôt aussi on songea, tout en multipliant les fonction-

(1) « Die Consuln versahen die gesammte Administration und Juridiction », dit M. Lastig (*op. cit.*, p. 91) à propos des *consules de communi* à Gênes, vers 1120.

(2) Cf. Silberschmidt, *op. cit.*, p. 3.

(3) Cf. Hüllmann, *Städtewesen des Mittelalters*, p. 419.

naires, à scinder les fonctions et, par ce moyen, on arriva à créer dans certaines cités de véritables consuls judiciaires, qui déchargeaient leurs collègues, les *consules de communi*, d'un certain nombre de causes. Si quelque doute pouvait exister à cet égard, il serait rapidement levé par la qualification donnée à ces consuls spéciaux, là où ils existent. A Vérone, ils portent le nom de *consules judices*, à Gênes, de *consules de placitis* (1), à Côme, de *consules justitiæ*, à Milan, de *consules de justitiâ* (2).

Les consuls judiciaires étant à leur tour devenus insuffisants, on n'hésita pas, en beaucoup d'endroits, à répartir leurs propres attributions entre un certain nombre de juges qui eurent des compétences encore plus étroites.

A la suite de ces dédoublements successifs, la situation, vers le milieu du XIIe siècle, dans la plupart des villes italiennes fut la suivante : la juridiction ordinaire était exercée, à la fois par les *consules de communi*, remplissant également les fonctions d'autorités municipales, et par une série de magistratures particulières distraites du consulat primitif, et dont les titulaires, le plus souvent des laïques fort versés en droit commercial, avaient eux aussi le titre de *consules* (3). Dans cette dernière catégorie figurent les précurseurs de nos juges consulaires modernes, les *consules mercatorum*.

Pourtant, qu'on ne se représente point ceux-ci, à leur origine, comme de vrais juges commerciaux ! On s'exposerait à laisser de côté toute une longue évolution, au cours de laquelle leur caractère s'est transformé pour ne pas dire dénaturé. Cette évolution, nous devons le reconnaître, n'est pas admise par tous les auteurs.

Quelques-uns d'entre eux, parmi lesquels Bartolus, Mar-

(1) Cf. Lastig, *op. cit.*, p. 91. On employait quelquefois aussi la qualification équivalente de *consules causarum*.

(2) Cf. Silberschmidt, *op. cit.*, p. 4.

(3) Cf. Silberschmidt, *op. cit.*, p. 4.

quard et Straccha l'ont même niée complètement (1). Leur opinion s'explique sans doute par leurs idées sur la formation des corporations. A les croire, celle-ci n'aurait été, pour les gens qui se livraient au trafic, qu'un moyen détourné de tirer par eux-mêmes satisfaction de ceux qui les avaient lésés dans leurs biens. Les collèges de marchands ne se seraient fondés qu'en vue d'obtenir au profit de leurs membres une justice rapide et sûre. Ce serait exclusivement parce que, durant la période si troublée du Moyen-Age, l'artisan isolé était trop souvent impuissant à faire triompher son droit méconnu qu'il aurait cherché à passer par avance un compromis général, tout au moins avec ses compagnons de métier, sujets à des mécomptes analogues aux siens. La crainte des abus et des longueurs judiciaires aurait ainsi déterminé les individus adonnés à une même profession, à se réunir, afin de s'entendre sur les moyens de conjurer en partie les conséquences désastreuses de leurs conflits éventuels.

L'on voit sans peine à quels résultats conduit une pareille conception des corporations, de leur origine et de leur raison d'être, en ce qui concerne les attributions des *consules mercatorum*. Du moment que la corporation a pour objectif unique l'organisation d'une justice plus parfaite reposant sur la soumission volontaire des marchands à des règles nouvelles, il est clair que, même dès leur apparition, les *consules*, ses chefs, ne peuvent avoir d'autre mission que celle de constituer un tribunal tranchant les litiges commerciaux survenus entre confrères suivant une procédure particulière et d'après un droit spécial.

L'argument sur lequel s'appuie cette doctrine nous paraît, comme elle, contraire à la vérité historique.

On prétend que les associations de marchands, les *col-*

(1) Cf. Marquard, *De jure mercatorum*, III, ch. 6. Silberschmidt, *op. cit.*, p. 5 et Endemann, *Beiträge zur Kenntniss des Handelsrechts in Mittelalter in Zeitschrift fur das gesammte Handelsrecht*, Liv. V, p. 355.

legia, ne se seraient créés qu'en vue d'accaparer, dans certains cas, l'administration de la justice. En réalité, les corporations ont eu bien d'autres rôles. A l'époque où elles commencèrent à se développer, il fallait se protéger à l'intérieur contre les innombrables droits de douane, il fallait au dehors négocier de véritables traités (1) pour obtenir asile dans certaines villes, pour y vendre et y acheter sans péril ; les *collegia* avaient leurs diplomates. En cas d'accident, de ruine, de révolution, l'individu ne pouvait compter sur l'Etat ; en revanche il ne s'adressait jamais en vain aux corporations. Leur esprit religieux et charitable se manifestait par la distribution de larges aumônes, par l'établissement de refuges destinés aux malades, en même temps que la solidarité des compagnons s'affirmait par la fondation de vastes entrepôts, où venaient s'entasser les marchandises de ceux qui étaient dépourvus de magasins suffisants (2). L'assistance mutuelle, voilà la vraie base de l'organisation corporative. Bartolus, Marquard et Straccha sont donc partis d'un principe faux.

Les conclusions auxquelles ils sont parvenus sont également erronées : certains détails, dont la réalité n'est point douteuse, nous le prouvent. Ainsi la première mention se rapportant aux *consules mercatorum* remonte à 1154 (3). Logiquement, on doit donc admettre que leur institution n'est guère antérieure au milieu du XIIe siècle Eh bien, nous possédons un jugement rendu à Milan par les *consules mercatorum* le 9 novembre 1159 (4), c'est-à-

(1) M. Prosper de Haulleville, dans son *Histoire des communes lombardes* (T. II, p. 364), signale une convention de 1203 entre Bologne et Florence signée au nom des Florentins par un consul des marchands et deux consuls des banquiers.

(2) Cf. Lattes, *Il diritto commerciale nella legislazione statutaria delle citta italiane*, chap. I, p. 26.

(3) Cf. Silberschmidt, *op. cit.*, p. 6 et Lattes, *op. cit.*, chap. I, § 2, p. 2.

(4) Cf. Silberschmidt, *op. cit.*, p. 6.

dire quelques années seulement après leur apparition, et ce jugement règle non pas un différend commercial, mais un procès civil relatif à la possession d'un terrain. A Pise, vers la même époque, des *consules mercatorum* sont installés et l'acte public qui consacre leur juridiction, porte qu'ils sont établis « *ad definiendas causas publicas et privatas* » et qu'ils auront à décider dans les questions qui leur seront soumises ou dans les causes qui leur seront transmises par les *consules de communi* (1). Comment considérer de pareils magistrats comme des magistrats commerciaux?

Sans doute, et c'est là probablement ce qui a égaré les auteurs dont nous combattons l'opinion, ils le sont devenus plus tard, mais à l'origine, on doit, conformément à la théorie de Schaube (2), les regarder avant tout comme des fonctionnaires.

A l'appui de cette théorie, il faut tout d'abord rappeler que les premiers *consules mercatorum* de la ville de Pise étaient « *electi a consulibus Pisanorum* (3) », c'est-à-dire désignés par les *consules de communi* placés à la tête de la cité. Il en était de même à Côme, à Pavie, à Modène, où le droit de nomination appartenait aux chefs de la commune (4). Si les *consules mercatorum* avaient constitué, au temps où nous nous plaçons, un tribunal de commerce, n'aurait-il pas été naturel qu'ils fussent choisis par les marchands et non par les autorités municipales? Or la prépondérance de ces dernières s'accuse nettement et c'est parce qu'elles délèguent aux *consules mercatorum* une partie de leurs propres pouvoirs, qu'elles gardent la haute main sur ces agents institués surtout afin de les seconder

(1) Cf. Silberschmidt, *op. cit.*, p. 6.
(2) Cf. Schaube, *in Zeitschrift für ges. Handelsrecht*, vol. 41, p. 108.
(3) Cf. Silberschmidt, *op. cit.*, p. 6.
(4) Cf. Silberschmidt, *op. cit.*, p. 6.

et de les soulager dans leur tâche soit judiciaire, soit administrative.

Ajoutons qu'assez fréquemment, au début, les *consules mercatorum* ne sont pas pris parmi les marchands, mais dans la classe des *nobili* (1) ; ajoutons encore que primitivement ils n'ont pas une procédure spéciale et que leur manière de statuer ne se distingue en rien de celle des tribunaux ordinaires.

Tout cela ne démontre-t-il pas qu'au milieu du XIIe siècle on chercherait en vain une juridiction commerciale ?

Lattes (2) a fort équitablement fait trois parts des fonctions que les *consules mercatorum* remplissaient alors. Ces fonctions étaient tantôt politiques, tantôt administratives, tantôt judiciaires.

Au point de vue politique, les *consules mercatorum* devaient s'opposer aux révolutions et aider les chefs du gouvernement au maintien de la paix avec les villes voisines ; ils devaient protéger les marchands contre les exactions, travailler au développement des relations internationales ; l'honneur et la dignité de la corporation étaient entre leurs mains, c'est-à-dire qu'il leur appartenait d'augmenter son prestige et son influence.

Au point de vue administratif, ils avaient la surveillance des finances et la gestion des biens fonciers dont le corps de métier était propriétaire ; ils veillaient à l'observation des règlements et des décisions prises par le conseil de la corporation.

Au point de vue judiciaire, ils recherchaient dans des visites périodiques si certains compagnons ne contrevenaient pas aux lois en exerçant leur profession de manière déloyale ; ils tranchaient un certain nombre de différends commerciaux ou non sur renvoi des *consules de communi* ; enfin ils jugeaient obligatoirement et sans renvoi préala-

(1) Cf. Silberschmidt, *op. cit.*, p. 6.
(2) Cf. Lattes, *op. cit.*, chap. I, p. 38.

ble les procès commerciaux survenus entre membres de la corporation (1).

Ici une question se pose qui ne laisse pas au premier abord d'être quelque peu embarrassante. Comment comprendre qu'un litige puisse naître, à l'occasion de leur négoce, entre deux personnes qui appartiennent au même corps de métier? Généralement celui qui récolte en grande quantité une matière première, qui en fait le trafic, en possède assez pour sa consommation personnelle et celle de sa famille. De même l'industriel, qui fabrique un produit a peu de raisons d'aller chez un confrère acheter ce même produit. Mais là, où n'existe aucun rapport commercial, il ne saurait y avoir place pour un conflit commercial. Dès lors, l'intervention des *consules mercatorum* en tant que juges mercantiles, semble à peu près impossible, du moment que leur compétence a pour bornes celles de la corporation.

A tout bien examiner, l'on s'aperçoit cependant que l'absence de relations commerciales entre compagnons d'une même guilde devait, en bonne logique, ne pas être complète.

Tout d'abord en effet il serait faux de soutenir que deux personnes exerçant une profession identique n'avaient absolument aucune raison de se vendre mutuellement soit les matières premières qu'elles exploitaient, soit les objets manufacturés qu'elles produisaient. En cas d'accident, de chômage, il n'y avait rien d'invraisemblable à ce qu'un marchand chargeât un de ses confrères d'exécuter en son lieu et place les commandes de ses clients.

L'on nous objectera sans doute que l'hypothèse à laquelle nous faisons allusion est de celles qui, au Moyen-Age, ne se réalisaient qu'extraordinairement. Soit, mais

(1) Cf. Lattes, *op. cit.*, pp. 36 et suiv.

il en y a tout au moins une autre qui était des plus courantes. Qui donc niera que continuellement les banquiers étaient appelés à conclure entre eux de multiples et importantes affaires et que même le commerce de banque aurait été presque impossible, si ceux qui l'exerçaient s'étaient contentés de négocier avec les particuliers en restant comme isolés de leurs confrères ? Or l'on sait que dans les villes italiennes, les corporations de changeurs, sur les registres desquelles se trouvaient inscrits les banquiers, comptaient un nombre considérable d'adhérents, qui tous, directement ou indirectement, se livraient au trafic des métaux précieux. En ayant égard à la force de ces corporations, on jugera sans peine de la quantité de procès auxquels leurs membres se trouvaient continuellement mêlés.

Pour essayer de détruire l'objection soulevée, nous avons envisagé jusqu'ici d'abord un cas anormal, ensuite un cas spécial à la guilde des *campsores*. Nous compléterons notre réponse par des remarques d'une application courante et générale.

Si nous avons quelque peine à concevoir la possibilité d'un litige entre compagnons d'une même corporation, c'est qu'avec nos idées modernes, nous avons une fâcheuse tendance à nous représenter le cadre des anciens corps de métier comme beaucoup plus restreint qu'il n'était et à croire en conséquence que tous les affiliés se livraient à des travaux identiques. La corporation du douzième siècle apparaît à beaucoup d'entre nous sous le même aspect qu'une chambre syndicale d'aujourd'hui. En réalité, on ne peut raisonnablement comparer l'étendue de celle-ci à l'étendue de celle-là. Prenons des exemples. L'art de la laine, à Florence, comprenait à la fois les tondeurs et les étireurs de draps, les teinturiers, les tailleurs. Dans un autre art, les merciers se coudoyaient avec les médecins, les épiciers avec les apothicaires. Quoi d'extraordinaire à ce que des gens adonnés à des occupations si diverses (1) eussent des rapports commerciaux et ne s'entendissent pas toujours !

Il n'est d'ailleurs pas indispensable de considérer la variété des professions représentées au sein de chaque corporation, pour arriver à comprendre que les occasions de conflit ne manquaient pas entre confrères. Laissons même de côté les relations multiples au cours desquelles les marchands en gros pouvaient se trouver aux prises avec les marchands en détail, les apprentis, avec leurs maîtres. Les fraudes commerciales n'étaient-elles pas ample matière à chicanes ? Un jour c'était un drapier qui accusait son concurrent de nuire au bon renom de la corporation en trempant son drap dans l'eau et en l'étirant ensuite, afin d'en faire payer plus qu'il n'en avait vendu : une autre fois, c'était un teinturier qui, ayant livré de la garance après avoir promis de l'écarlate, de beaucoup supérieure en qualité, se voyait accusé de tromperie ou de concurrence déloyale.

Enfin n'oublions pas que les sociétés au Moyen-Age étaient fort répandues : la création de nombreuses banques, le développement des entreprises maritimes avaient réveillé l'esprit d'association. Si prospères que fussent les affaires des associés, il arrivait forcément un moment où ils désiraient reprendre leur liberté d'action. L'on avait alors à liquider l'actif commun et à le partager. Comme bien on pense, ces opérations de liquidation et de partage n'allaient point toujours sans difficultés ; des procès s'élevaient. Encore un autre exemple, fréquent celui-là, de contestations intéressant exclusivement des confrères !

L'existence de différends commerciaux entre membres

(1) La variété relative des professions auxquelles étaient adonnés les membres d'un même art trouve d'ailleurs une confirmation dans l'existence au sein de l'art de compagnies ou sections. Cf. Perrens, *Histoire de Florence*, t. III, p. 223, note 1.

d'une même corporation n'ayant rien d'invraisemblable, examinons de quelle manière les *consules mercatorum* ont été amenés à en connaître.

Nous avons vu que ces fonctionnaires, en même temps qu'ils jouaient un rôle dans la cité et qu'ils secondaient les *consules de communi*, se trouvaient placés à la tête des collèges de marchands. Or, par le fait seul qu'on se faisait inscrire sur les rôles de l'un de ces collèges, l'on contractait de multiples et sévères obligations. La plus importante consistait à jurer obéissance aux statuts en vigueur dans la guilde (1). Les statuts variaient naturellement suivant les villes et les corps de métier, mais tous contenaient des dispositions analogues relativement aux conflits qui pouvaient s'élever entre les compagnons. Ces conflits devaient être nécessairement soumis aux présidents de corporation, c'est-à-dire aux *consules mercatorum*. Essayait-on de se soustraire à leur intervention et d'aller devant les tribunaux ordinaires, on devenait passible d'une amende, dans certains cas même de l'exclusion (2) et des démarches souvent fructueuses étaient tentées auprès des magistrats de la cité pour qu'ils remissent à la corporation la décision de l'affaire qui n'aurait jamais dû être débattue hors de son sein (3). Ainsi l'on trouve, dans le contrat *sui generis* qui se formait lors de l'admission d'un nouveau membre, un premier fondement de la juridiction consulaire (4).

(1) Cf. Lastig, *op. cit.*, p. 258.

(2) Cf. Thaller, *Annales de Droit commercial*, 1892, p. 198.

(3) « Hat sich ein Gildemitglied dennoch an die ordentlichen Staatsgerichte gewandt, dit M. Lastig (*op. cit.*, p. 263), so ist der Consul verpflichet... ihn zu dem angerufenen Richter zu begleiten um zu ersuchen, die Sache an das Gildegericht abzugeben... »

(4) M. Thaller (*Annales de Droit commercial*, 1892, p. 198) indique très nettement que l'un des traits saillants de la juridiction commerciale italienne à l'origine, c'est d'être contractuelle : « Le négociant, écrit-il, n'est pas de plein droit soumis à cette législation et à ces juges (la législation

Est-ce le seul ? Beaucoup d'auteurs ne le pensent pas. D'après eux, il n'y a nul doute que la pratique de l'arbitrage ait exercé une influence profonde sur le développement des tribunaux de commerce italiens (1), ceux de Florence en particulier. Dans cette ville, le nombre des procès dont les *consules de communi* remettaient la décision aux corporations a été considérable. Et le fait se comprend aisément, car personne n'était mieux placé que les *consules mercatorum* pour concilier deux marchands ou apprécier avec compétence les difficultés techniques, qui ne manquaient pas de se présenter. De même, à Pise, où le droit coutumier avait fini par conquérir une place entièrement indépendante à côté des lois ordinaires, il est certain que les *consules maris* ont fréquemment fonctionné comme arbitres.

Dans les premières années qui suivirent l'apparition des *consules mercatorum*, est-ce le caractère corporatif et contractuel, est-ce le caractère arbitral qui l'emporta ? Le problème aujourd'hui est assez difficile à résoudre. Peut-être même les deux origines du tribunal consulaire que l'on regarde habituellement comme distinctes ne sont-elles que deux aspects différents d'une origine unique. Il suffit, pour arriver à cette conception, de considérer que le marchand qui entre dans la guilde, entend dépouiller éventuellement les magistrats ordinaires du choix de l'arbitre à nommer en cas de procès avec un compagnon et que l'arbitre invariable qu'il désigne d'avance, c'est précisément le président de la guilde.

et les juges de la corporation) ; il faut qu'il prête serment, en se faisant inscrire au registre de la guilde, d'accepter la compétence du consulat. »

(1) Cf. Silberschmidt, qui dit, *op. cit.*, p. 7 : « Auch in Italien hat das Schiedsgericht in der Entwickelung der Handelsgerichte sicher Einfluss ausgeübt speziell für Pisa... » et Goldschmidt, dans son *Handbuch des Handelsrechts*, vol. I, édit. 1891, où on lit, page 170, note 92, à propos des *consules mercatorum* : « Dies deutet auf vertragsmäszigen, somit schiedsrichterlichen Ursprung. »

Quoi qu'il en soit, il est certain qu'avec la séparation de plus en plus profonde des *consules mercatorum* et des *consules de communi*, le caractère corporatif tendit à prévaloir. Donc, c'est en nous rapportant à l'histoire des corporations et non plus à celle du démembrement des magistratures communales, que nous allons continuer à suivre le développement progressif de la juridiction des *consules mercatorum* en même temps que la spécialisation de cette juridiction, qui tendait chaque jour davantage à devenir exclusivement commerciale.

Pour cette étude, nous examinerons particulièrement ce qui s'est passé à Florence, où les diverses phases de l'évolution à analyser ont été extrêmement nettes.

A la fin du XIIIe siècle, les commerçants et les artisans de Florence se trouvaient groupés en une série de corporations ou arts (1). Les arts se divisaient en deux catégories : les arts majeurs, les plus anciens et les plus puissants, ceux qui avaient dans la ville la suprématie politique, et les arts mineurs. A la tête de chaque art était un consul ou prieur, qui était assisté, dans l'examen de toutes les affaires disciplinaires ou contentieuses, d'un conseil de *consiliarii*. Ces personnages se rapprochaient de nos jurés actuels, en ce qu'ils changeaient à chaque affaire et émettaient un avis souverain.

Au début, nous l'avons vu, les conflits commerciaux qui s'élevaient entre membres d'un même art et ceux-là seuls devaient être nécessairement tranchés par le consul, en vertu des statuts acceptés par tous les compagnons à leur entrée dans la corporation. Il en résulte que tout d'abord les pouvoirs des prieurs étaient bien plutôt des pouvoirs de police que des pouvoirs judiciaires proprement dits. Et

(1) M. Perrens, dans son *Histoire de Florence*, consacre tout un long chapitre à l'organisation corporative des marchands (Voyez tome III, livre VII, pp. 219 et suiv.). Nous avons fréquemment usé des renseignements intéressants que fournit cet auteur.

de fait, quand on se reporte aux différentes espèces de litiges qui étaient susceptibles de naître entre les membres d'un même art, litiges dont nous avons donné une rapide énumération, on se rend aisément compte qu'il y avait là beaucoup moins matière à l'intervention d'un juge qu'à l'intervention d'un surveillant chargé d'assurer une rigoureuse police. Prenons par exemple le cas de concurrence déloyale. Pourquoi les *consules mercatorum* poursuivent-ils, condamnent-ils ? Ce n'est pas tant en raison du préjudice subi par le marchand qui porte plainte, qu'en raison du parjure scandaleux commis par le commerçant fraudeur coupable d'avoir violé les prescriptions des statuts relatives à la fabrication de tels ou tels objets.

D'autres traits encore indiquent qu'on ne se trouve point à l'origine en présence d'une véritable juridiction.

Celui qui avait été l'objet d'une condamnation se refusait-il à obéir à la décision prise ou essayait-il de se soustraire par la fuite à ses conséquences, on le chassait de la corporation, mais le jugement restait inexécuté.

Enfin, et c'est surtout là ce qu'il y a de frappant, dès que la contestation sortait des limites de la guilde, la puissance judiciaire du consul s'évanouissait : l'art étant une organisation qui n'avait rien d'officiel, il n'y avait lieu, en sa faveur, à aucune intervention de l'Etat.

Privée, contractuelle, corporative, telle nous apparaît primitivement la juridiction de l'art (1). Voyons de quelle manière elle s'est transformée en une juridiction publique, obligatoire et générale.

Les Florentins ne tardèrent pas à s'apercevoir que les

(1) L'opinion que nous exprimons ici concorde entièrement avec celle de M. Lastig, qui écrit à la page 258 de son ouvrage : « Eine wirkliche, eine staatlich anerkannte Jurisdiction besitzt die Arte Anfangs nicht, dieselbe trägt ihrem Ursprunge nach vielmehr einen ausschliesslich genossenschaftlichen, einen privaten, vertragsmässigen Charakter. »

moyens de contrainte dont disposaient les arts étaient des plus insuffisants. Observons en effet que ces moyens, dont les principaux étaient l'amende et l'exclusion, étaient inapplicables à ceux qui n'étaient point membres de la corporation ou qui avaient cessé d'en faire partie.

On voit sans peine les conséquences d'une pareille situation. Quand un compagnon avait à se plaindre d'un étranger, l'art était impuissant. D'un autre côté, lorsqu'un marchand affilié à l'art voulait se soustraire aux décisions défavorables du consul, il se laissait exclure et, s'il lui était désormais impossible de trafiquer avec ses anciens confrères, qui devaient respecter l'interdit prononcé contre lui, il lui restait la ressource d'entrer en relations d'affaires avec les membres des autres arts, ce qui rendait en somme toute sanction illusoire. Ainsi la principale cause de faiblesse de la juridiction, au sein de chaque art, provenait de l'espèce d'isolement où cette juridiction se trouvait par rapport à ses congénères.

Le mal une fois défini, l'on ne tarda pas à trouver le remède. Pour commencer néanmoins, on ne l'appliqua qu'irrégulièrement. Quand de graves intérêts avaient été méconnus par un compagnon et qu'en raison de ses désobéissances successives, il était exclu, le prieur était parfois chargé d'agir auprès des chefs des autres arts, afin que ceux-ci prononçassent à leur tour l'interdit contre le délinquant (1). L'efficacité d'une telle mesure était si grande, elle amenait si souvent la soumission du coupable, qui se voyait partout repoussé et devait finalement abandonner son commerce, qu'on arriva, au cours des revisions successives des divers statuts, à donner légalement mandat à chaque consul d'entrer en rapport avec les autres consuls, toutes les fois qu'un marchand serait mis en interdit (2).

(1) Cf. Lastig, *op. cit.*, p. 266.

(2) Le chapitre 83 du « *Constitutum honorabilis collegii et societatis*

La conclusion de compromis répétés concernant des cas individuels devait forcément éveiller dans l'esprit des prieurs des différents arts, l'idée de passer des conventions générales destinées à supprimer les obstacles que l'on rencontrait sans cesse. Des traces de pareilles conventions existent en particulier pour la guilde des changeurs. Ainsi, en 1299, elle chargea ses chefs de s'entendre avec ceux des autres guildes, relativement à l'exclusion des faillis et des usuriers : « *Et quod consules hujus artis teneantur propria juramenta*, dit le statut, *requirere de mense Januarii consules mercatorum callimale, artis lane, mercatorum porte Sancte Marie et medicorum et spetiariorum et artis pelliparriorum simile statutum artis eorum facere et firmare.* »

Dans les premières années du XIVe siècle, on arriva finalement à la constitution d'une vaste union qui devait bientôt s'étendre à toutes les corporations et qui réunit dès le début les cinq plus importantes d'entre elles, c'est-à-dire l'art des marchands de Calimala, l'art des changeurs, celui de la soie, celui de la laine et celui des médecins. Le titre même de cette union indiquait son caractère nettement commercial : elle reçut le nom de *mercanzia* (1).

La juridiction de la *mercanzia*, à l'origine tout au moins, ne s'écarte guère de la juridiction de l'art (2), avec laquelle elle se trouve en concurrence (3). Sans doute, tandis que l'art connaît seulement des litiges qui divisent deux marchands adonnés au même métier, la *mercanzia* peut intervenir dans des conflits où se trouvent mêlés des gens de

campsorum civitatis et districtus Florentiae » promulgué en 1299 ordonne de recourir à cette mesure même dans les cas où le marchand mis en interdit est un étranger, un *forinsecus*.

(1) Cf. Thaller, *Annales de Droit commercial*, 1892, p. 199 et Lastig, *op. cit.*, p. 267.

(2) Cf. Lastig, *op. cit.*, p. 271.

(3) Cf. Lastig, *op. cit.*, p. 337. « *Die Jurisdiction der Arti*, dit cet auteur, *fällt in demselben Grade, in dem die der Mercanzia steigt...* »

métiers divers, mais en cela consiste toute la différence. Pas plus que l'art, la *mercanzia* n'a d'existence officielle. Elle repose sur des liens privés et n'a sur les affiliés que les pouvoirs qui dérivent du libre consentement donné par chacun d'eux, à son entrée dans l'une des guildes confédérées. Sort-on du cercle des compagnons, comme l'art, elle est réduite à l'inaction ; comme l'art aussi, elle perd toute influence et elle est dénuée de tout moyen de contrainte, une fois que l'exclusion, qui est la peine suprême, a été prononcée. Enfin son organisation est la copie agrandie de celle des corporations : l'*officium mercanziae*, la plus haute autorité exécutive, n'est pas autre chose que la réunion des consuls placés à la tête des guildes pour les diriger et assurer le respect de leurs décisions.

Comment donc concevoir que moins de vingt ans après son apparition, la *mercanzia* ait possédé une compétence générale en matière commerciale ? Cette évolution s'explique de la manière la plus naturelle lorsqu'on a égard aux nécessités pratiques et aux usages internationaux de l'époque à laquelle nous nous reportons.

Le tribunal de la *mercanzia* accueillait toutes les plaintes qui lui étaient adressées contre les compagnons (1). Aucune distinction n'était faite entre celles qui émanaient des affiliés et celles dont les non-affiliés étaient les auteurs. Ces derniers, il est vrai, avaient pleine liberté de s'adresser aux tribunaux ordinaires (2), mais, et c'est là le point sur lequel nous devons insister, ils n'y avaient nul intérêt.

Les juges de droit commun encombrés d'affaires et gênés d'ailleurs par une procédure que l'influence canonique avait rendue longue et complexe, laissaient fréquemment traîner les causes en longueur.

(1) Cf. Lastig, *op. cit.*, p. 261.

(2) « Der Nichtgenosse ist in keiner Weise direct zur Klage vor dem Gildegericht gezwungen, sondern es steht ihm nur frei, hier zu klagen... » Cf. Lastig, *op. cit.*, p. 262.

On n'avait pas à redouter pareil inconvénient devant le tribunal de la *mercanzia* ou devant les juridictions analogues, qui ne tardèrent pas, dès le XIVe siècle, à surgir dans les principales villes d'Italie. La procédure, en effet, ne devait pas seulement y être conduite avec rapidité par les juges ; elle était encore, en elle-même, aussi simple, aussi sommaire que possible. A chaque instant, l'on trouve dans le texte des statuts cette formule devenue classique : « *Quod procedatur sine strepitu et figura judicii.* »

La célérité avec laquelle étaient rendus les arrêts, la simplicité des formes, ces deux qualités déjà si précieuses, ne sont point les seuls avantages à considérer. Il faut se souvenir que les juridictions mercantiles s'appliquaient à montrer leur largeur d'esprit, qu'elles abandonnaient sans scrupule la lettre de la loi pour rendre leurs décisions en tenant seulement compte des faits et que ces faits étaient généralement examinés avec un soin scrupuleux.

Tout cela pouvait d'autant moins laisser les Florentins indifférents que leur sens commercial était des plus développés. Aussi ne faut-il pas s'étonner si de très bonne heure les citoyens qui n'étaient point embrigadés dans les corporations, songèrent à saisir la *mercanzia* des procès qu'ils avaient avec ses compagnons. Comme ils ne couraient que d'heureux risques, puisque les chances d'obtenir prompte justice se trouvaient augmentées et que la voie des tribunaux ordinaires leur demeurait ouverte en cas d'insuccès, ils ne tardèrent pas, on le conçoit, à recourir de plus en plus à l'official et travaillèrent ainsi d'une manière inconsciente à élargir le champ de la juridiction commerciale (1).

Remarquons toutefois que, si la *mercanzia* arrive à s'immiscer dans des affaires où figurent des non-affiliés, ce n'est jusqu'ici qu'avec leur consentement : absolument libres d'aller devant les juges de droit commun, de leur donner la

(1) Cf. Lastig, *op. cit.*, p. 275.

préférence sur les juges consulaires, les marchands qui ne sont pas inscrits sur les rôles de la *mercanzia* n'ont à craindre aucune mesure de contrainte, aucune peine, s'ils suivent la voie judiciaire la plus longue et la moins pratique.

Bientôt néanmoins, et dans l'intérêt même du commerce national, on commença à être plus exigeant, tout au moins vis-à-vis des étrangers. Dès 1299, l'art des changeurs florentins avait décrété que ceux qui viendraient du dehors pour trafiquer, acheter ou vendre dans la ville devraient soumettre aux consuls le règlement des contestations qui pourraient s'élever entre eux et les compagnons. En cas de désobéissance aux statuts, les chefs de l'art étaient tenus d'envoyer une citation au délinquant. Celui-ci avait quinze jours pour se soumettre ; ce délai expiré, il était mis au ban de la corporation, dont aucun membre ne pouvait à l'avenir négocier avec lui sous peine d'exclusion. Des démarches étaient en outre tentées auprès des autres corps de métiers, en vue de rendre la mise en interdit absolument générale.

Le système adopté par l'art des changeurs en vue d'arriver à ce que les engagements des marchands nomades, parfois difficiles à retrouver, fussent moins souvent dénués de portée et de sanction, entra rapidement en vigueur au sein de tous les arts, quand ils se trouvèrent englobés dans l'organisation de la *mercanzia*. Les premières années du XIVe siècle s'étaient à peine écoulées qu'elle était pleinement compétente pour les différends commerciaux, où les étrangers étaient défendeurs ou même demandeurs (1).

(1) Pour appuyer notre opinion, nous invoquerons la rubrique LXXXIII du Constitutum campsorum civitatis Florentiae, dont voici le texte : « Quia plurimi campsores et mercatores forenses de diversis terris et provintiis veniunt et venire soliti sunt ad cambiandum, mercandum, emendum et vendendum, prout moris est, cum hominibus hujus artis, statuimus quod si quaestio oriret inter aliquem vel aliquos de hâc arte ex unâ parte, et tales forenses vel aliquem eorum ex alterâ, consules hujus artis debeant talem quaestio-

Pourtant, même après ces progrès considérables, elle avait encore à lutter contre deux causes de faiblesse. D'une part, elle se trouvait désarmée quand, après une mise ne interdit, le marchand condamné ne se soumettait pas. D'autre part les commerçants de la ville non inscrits sur les registres des arts n'étaient nullement obligés de reconnaître son autorité et de comparaître devant elle en qualité de défendeurs.

La raison d'un tel état de choses résidait évidemment dans le caractère d'institution privée que la *mercanzia* avait toujours gardé jusque-là. C'est donc en recherchant de quelle manière elle est parvenue à se faire reconnaître officiellement par l'Etat florentin que nous découvrirons par quels moyens elle a réussi à conquérir une compétence commerciale absolument générale. Nous sommes ainsi conduit à examiner le rôle de la *mercanzia* en ce qui touche les représailles et à rappeler au préalable l'origine et la nature de cet usage, à coup sûr l'un des plus curieux du Moyen-Age.

Les représailles, dont l'abolition devait avoir un contrecoup si considérable sur le développement des juridictions commerciales en Italie, remontent, non pas comme l'a dit M. Perrens au milieu du XIIIe siècle (1), mais au milieu et peut-être au début du XIIe. L'histoire en mentionne une application célèbre. Le comte Ridolfo de Capraja, un farouche gibelin, avait contre la ville de Pise une créance

nem cognoscere et terminare secundum bonas consuetudines hujus artis sive sit quaestio de sorte, sive de dampnis et expensis et interesse sive de quâcunque alia re et, si tales forenses noluerint respondere et inde stare sub consulibus hujus artis, teneantur consules infra quindecim dies postquam citationem ipsos forenses et omnes eorum sotios devetare ab hâc arte et societate ita quod nullus habeat facere cum eis in aliquo comertio et dare operam quod similiter devetentur in aliis sex majoribus artibus civitatis florentinae et hoc capitulum sit praecisum et extendatur ad praeterita et futura. » On remarquera qu'aucune distinction n'est établie entre le cas de l'étranger défendeur et celui de l'étranger demandeur et que, dans l'une et l'autre hypothèse, la juridiction corporative est déclarée compétente.

(1) Cf. Perrens, *Histoire de Florence*, t. III, p. 267.

de quatre mille huit cents livres. La ville avait plusieurs fois refusé de se libérer. Ridolfo songea alors à s'adresser à l'empereur d'Allemagne, Frédéric II. Celui-ci mit en mouvement son vicaire en Toscane, Gebhard d'Arnstein, qui agit auprès du comte palatin Tegrimo, podestat de Pise. Les représentations du vicaire n'ayant pas été plus fructueuses que celles de l'intéressé lui-même, Gebhard concéda à Ridolfo la liberté de se payer sur les biens et les personnes des Pisans dont il pourrait s'emparer (1).

Ce moyen d'obtenir réparation des dommages, dont on avait été la victime, était trop simple, trop commode pour qu'il ne se répandît pas rapidement. Bientôt les représailles devinrent une véritable institution qui exista non seulement au profit des États, des collectivités, mais même au profit de simples particuliers.

Qu'on se figure un marchand florentin venant, au cours d'un voyage, à perdre sa cargaison de draps dérobée par un étranger. Immédiatement il s'adressait à l'art de Calimala et le consul de cet art s'abouchait avec ses collègues. Réunis en conseil, ceux-ci estimaient le montant de la perte subie, en l'exagérant le plus souvent, comme bien on pense. Puis le podestat était mis au courant de l'affaire, qui, à partir de ce moment, prenait une tournure diplomatique. Des lettres étaient envoyées à la ville dont le délinquant était citoyen ; au besoin, des ambassadeurs partaient en mission. Si les torts étaient reconnus et si la restitution avait lieu, tout était terminé. Mais il n'était pas rare qu'aux réclamations présentées, la cité à laquelle appartenait l'agresseur mît quelque délai à répondre. Quand le différend traînait trop en longueur, on avertissait la partie adverse, on la sommait officiellement de réparer le préjudice causé en lui laissant une dizaine de jours pour tout répit. Le temps écoulé, s'il y avait eu refus ou silence

(1) Cf. Perrens, *op. cit.*, t. III, p. 267.

prémédité, le podestat investissait (1) un citoyen, souvent la victime, du droit de représailles appartenant à la cité.

Dès lors, le litige, qui avait d'abord revêtu un caractère privé, se transformait en quelque sorte en un litige public. On appliquait dans toute sa rigueur le principe de la solidarité entre citoyens d'une même ville et on renouvelait la loi du talion en élargissant son champ d'application. Les biens appartenant aux habitants de la cité qui avait été inutilement sommée répondaient de l'objet qui avait été dérobé, ou de la créance, qui n'avait point été acquittée à l'échéance. Ils étaient de bonne prise et on ne se faisait pas faute de les saisir en employant au besoin la violence.

On conçoit sans peine qu'une pareille manière d'obtenir justice n'allait pas sans de notables inconvénients et de multiples dangers.

Théoriquement d'abord, il était absolument contraire à l'équité qu'un innocent expiât la faute d'un coupable uniquement parce que l'un et l'autre avaient la même nationalité.

Ensuite, dans la pratique, et en se plaçant au seul point de vue de la sécurité commerciale, le remède n'était-il pas pire que le mal? Autoriser les représailles, c'était donner à la plupart des attentats commis sur les voyageurs se rendant d'une ville à l'autre, un caractère légal. L'Etat renonçait à remplir son devoir de protection vis-à-vis de certains de ses hôtes; du même coup, il les dégoûtait à jamais de revenir, il nuisait au développement, au maintien des relations, d'autant qu'assez fréquemment on ne tenait qu'un compte médiocre de la nationalité de l'individu auquel on s'attaquait : un pisan était dépouillé comme génois; un milanais, comme vénitien.

(1) Cette investiture résultait de la concession de lettres de représailles. Sur la forme des lettres de représailles, l'exécution de ces lettres, la garde et le jugement des prises, voyez René de Mas Latrie, *Le droit de marque ou droit de représailles au Moyen-Age*. Bibliothèque de l'Ecole des Chartes, 6e série, t. II, pp. 529 et suiv. et t. IV, pp. 294 et suiv.

Petit à petit, le tort que les représailles causaient au commerce, fut si bien compris qu'au moment des grandes foires de l'année, on prit l'habitude de décréter que ceux qui s'y rendraient ne pourraient être inquiétés.

Dans le même esprit, on signa des conventions suspendant durant une période de plusieurs années l'exercice des représailles.

Enfin on arriva à les abolir au moins virtuellement, comme en témoignent certains traités, en particulier celui qui fut passé le 30 mai 1214 entre le gouvernement pisan et le plénipotentiaire spécial de Florence, Belcarus Orlanduccii, l'un des recteurs du métier de la laine (1). Aux termes de ce traité ressemblant à bien des contrats analogues du temps, le principe suivant était admis de la part des deux Etats comme corollaire à la convention commerciale déjà existante : si un sujet d'un Etat devait quelque chose à un sujet de l'autre, on ne pourrait agir que contre la personne du débiteur ou contre ses garants, et non contre ses compatriotes en général.

Si l'on supprimait ainsi un monstrueux abus, on enlevait en même temps aux représailles toute leur efficacité, puisqu'il n'y avait plus désormais pour le plaignant d'autre ressource que la poursuite du coupable lui-même et que celle-ci était souvent vaine ou fort longue et fort difficile. Il fallait donc absolument trouver un expédient, afin de ne point mettre le marchand dépouillé, le créancier victime de sa confiance en mauvaise posture. On y arriva précisément en élargissant la compétence des juridictions d'art.

La suppression des représailles avait surtout été due aux efforts des chefs de la *mercanzia* ; c'était eux qui s'étaient entremis auprès des autorités de Florence, auprès des au-

(1) A noter aussi le traité de 1216 entre Florence et Bologne. D'après ce traité, les représailles ne devaient plus s'exercer à l'avenir que sur les biens et contre la personne du débiteur lui-même. Voyez René de Mas Latrie, *Annales de l'Ecole des Chartes*, 6e série, t. II, pp. 571 et 572.

torités des autres Etats et qui les avaient décidées à signer des compromis. Les traités conclus, on songea naturellement pour le règlement des questions de représailles à ceux qui en avaient assuré le dénouement pacifique.

Le *notarius mercanziae*, ou, comme on l'appela plus tard, l'*officialis mercanziae* trancha dès lors les petites difficultés internationales qui se liquidaient naguère, les armes à la main. Un étranger quelconque, c'est-à-dire un Etat, une communauté ou même un simple particulier présentait-il une requête à l'effet d'obtenir satisfaction d'un des compagnons de la *mercanzia*, on procédait de la manière suivante : l'official invitait tout d'abord le débiteur, ses associés, ceux de ses frères qui vivaient avec lui et ceux de ses fils qui étaient en puissance paternelle à payer immédiatement ou tout au moins, s'ils prétendaient être dans leur droit, à promettre et garantir qu'ils rendraient indemnes l'Etat et les particuliers florentins, au cas où ceux-ci viendraient à souffrir du retard apporté dans l'exécution des engagements pris. Au cas où le compagnon ainsi averti ne tenait point compte de la sommation qui lui avait été adressée, l'*exbanitio* était prononcée contre lui (1).

Grâce à l'introduction de pareilles pratiques, une sécurité commerciale de plus en plus parfaite ne tarda pas à régner. Les résultats obtenus à la suite de l'intervention de la *mercanzia* étaient si heureux qu'on résolut de donner à cette organisation privée une consécration officielle. Le 21 mars 1307, une loi florentine la reconnut comme tribunal d'Etat (2).

C'était franchir un pas considérable. Désormais l'*officium mercanziae* n'avait plus, pour l'exécution de ses arrêts à invoquer l'appui des juges civils ; il allait posséder le droit de poursuivre lui-même les biens et la personne

(1) Cf. Lastig, *op. cit.*, p. 271.

(2) Cf. Thaller, *Annales de Droit commercial*, 1892, p. 199 et Lastig, *op. cit.*, p. 272.

du défendeur récalcitrant ; ses jugements ne risquaient plus de demeurer lettre morte, son infériorité par rapport aux juridictions ordinaires disparaissait.

Bien plus, on lui concédait un notable avantage dont les autres tribunaux ne jouissaient point. La *balia generalis* de 1307 le dispensait de toutes les formes longues et incommodes auxquelles les diverses autorités judiciaires étaient astreintes et attribuait néanmoins à ses décisions la même valeur que si elles avaient été rendues conformément aux règles généralement prescrites.

Il était aisé de prévoir les conséquences d'un pareil privilège. Le marchand qui avait à exercer des représailles, pouvait sans doute se plaindre à son gré devant la juridiction ordinaire ou devant l'*officium mercanziae*, mais comment concevoir qu'il hésitât un instant entre ces deux tribunaux (1) ? Tandis que le premier, lié par le droit strict, était tenu de suivre une procédure compliquée et traînante, le second, libre de se prononcer d'après l'équité, se trouvait affranchi de toutes les formes oppressives et devait en outre rendre sa sentence dans des délais déterminés à l'avance et extrêmement restreints.

En favorisant aussi manifestement l'*officium mercanziae*, la *balia generalis* dépouillait virtuellement les juridictions ordinaires de la connaissance des procès relatifs aux représailles. Les marchands comprirent si bien l'intérêt qu'il y avait pour eux à s'adresser ailleurs qu'aux tribunaux d'Etat, que ceux-ci devinrent insensiblement moins fréquentés. Dans la pratique, on eût évidemment fini par les déserter complètement chaque fois qu'il aurait été ques-

(1) « ... So gab es...zwei Represaliengerichte in Florenz, das alte staatliche und das Offitium Mercantiae ; beide hatten dieselbe Executionsgevalt, aber ersteres war einen formenreichen, schleppenden, langwierigen Processgang und festes materielles Recht gebunden, das andere nicht blos aller drückenden Processformen ledig, sondern sogar verpflichtet, bestimmte ganz kurz Fristen innezuhalten und befugt, nach Recht und Billigkeit zu entscheiden », dit M. Lastig, *op. cit.*, p. 275.

tion de litiges se rattachant à l'exercice des représailles, si, prévoyant et devançant le terme fatal de l'évolution qui s'effectuait, les autorités de Florence n'avaient bientôt donné aux faits une consécration légale : quelques années à peine s'étaient écoulées depuis que l'Etat avait reconnu l'*officium mercanziae* lorsqu'on dépouilla à son profit les juridictions ordinaires et qu'on lui attribua compétence exclusive pour tous les procès, qui, de près ou de loin, touchaient aux représailles (1).

Malgré les multiples avantages que le tribunal de la *mercanzia* offrait aux commerçants, sa fortune inouïe autant que rapide aurait assurément lieu de surprendre si, comme nous l'avons précédemment indiqué, il ne fallait en rechercher la principale cause dans les liens de nature un peu complexe qui existèrent longtemps entre l'organisation des corporations et l'organisation de la cité.

Où finit le champ d'action des *collegia* et plus tard de la *mercanzia*, où commence celui des *consules de communi*, du podestat, voilà ce qu'il est fort difficile de déterminer, particulièrement lorsqu'on aborde la question des représailles et qu'on examine les traités relatifs à leur abolition. Nous ne sommes pas éloignés de croire qu'en de nombreuses circonstances, l'action des hauts fonctionnaires de l'Etat et l'action de l'official étaient concurrentes.

De là à supposer que celui-ci et ceux-là se prêtaient

(1) Cf. Lastig, *op. cit.*, p. 275 : « Wies man alle Represalien und damit verwandten Sachen, verwandt in so fern sie Veranlassung oder Folge von Represalien zu sein pflegten, dem Offitium mercantiae zu, d. h. anders ausgedrückt, das Offitium Mercantiae, bisher als Genossenschaftsgericht um für die Mitglieder der Mercanzia competent, erhielt innerhalb der Sachgrenzen jetzt die Competenz auch über Nichtgenossen, allgemeine persönliche Competenz. » Les mots « *damit verwandten Sachen* » ont à nos yeux une grande importance. Comme Lastig semble l'avoir compris, la compétence de l'*officium mercanziae* s'étendait désormais aux cas où il était demandé soit à un étranger, soit à un commerçant de la cité, réparation d'un préjudice qui aurait pu autrefois donner lieu à des représailles.

assez souvent un mutuel appui, il n'y a qu'un pas. Or il n'est pas rare, quand des autorités diverses entretiennent des rapports fréquents, de constater chez elles une tendance à se solidariser même dans des occasions où leur union semblait primitivement difficile à prévoir. Certainement l'influence politique des juges de droit commun, surchargés d'affaires, ne manqua point aux officials, quand ils tentèrent avec succès d'abord de faire reconnaître la *mercanzia* comme tribunal d'État, ensuite d'obtenir pour elle seule, la connaissance des différends relatifs aux représailles.

Comment expliquer autrement la multitude de cas dans lesquels cette juridiction devint compétente presqu'aussitôt après avoir perdu son caractère privé ?

Vers 1320, l'official a singulièrement élargi le cadre de ses attributions primitives. Non seulement il ne se contente pas d'être investi de sévères pouvoirs correctionnels vis-à-vis des membres des différents corps de métier, mais son rôle d'agent diplomatique spécialement chargé d'obtenir des cités voisines l'abolition des représailles, ne lui suffit même plus. Il connaît désormais valablement de toutes les réclamations qui lui sont adressées de l'étranger contre des commerçants de la cité, que ces réclamations visent des marchands immatriculés ou non immatriculés. En outre, si des négociants florentins, qui ne sont pas membres de la *mercanzia*, ont, par le fait de quelque compatriote infidèle à ses engagements, souffert dans leur personne ou dans leurs biens, c'est encore lui qui est chargé d'accueillir leurs plaintes et de leur assurer une juste compensation (1).

Quels pas considérables nous avons franchis et combien nous sommes loin des modestes tribunaux corporatifs, dont la puissance expirait dès que les limites de l'art venaient

(1) Cf. Lastig, *op. cit.*, pp. 276 et 277.

à être franchies ! Notons bien qu'à la phase à laquelle nous en sommes arrivés, ce n'est plus seulement le compagnon affilié qui peut être traduit comme défendeur devant le tribunal de la *mercanzia*, c'est aussi l'étranger (1), c'est aussi le marchand de Florence non immatriculé, pour lequel il n'y avait cependant pas lieu d'avoir la même défiance que pour les colporteurs ambulants dont la nationalité était douteuse, dont le patrimoine fuyait devant les poursuites.

Tant de réformes dénotent que nous ne nous trouvons pas en présence d'une simple extension de compétence et qu'en réalité la nature même de l'institution, dont nous avons suivi jusqu'ici les progrès, a radicalement changé. Et de fait, si nous nous reportons aux marques distinctives de la juridiction de l'art, telle qu'elle existait au début, nous n'en retrouvons plus aucune.

Cette juridiction, nous l'avons observé, était essentiellement privée, contractuelle et corporative. Or, d'une part, la *balìa generalis* de 1307 a donné à la *mercanzia* et à son tribunal l'investiture officielle et, d'autre part, il serait faux désormais de soutenir que l'autorité des décisions rendues est encore fondée sur le contrat tacite qui lie les compagnons aux corporations, puisqu'il arrive que l'official tranche des différends commerciaux entre étrangers et non immatriculés, c'est-à-dire entre étrangers et marchands libres de tout engagement vis-à-vis de la *mercanzia*.

Que s'est-il donc produit ? A force d'élargir le champ d'action de l'*officium mercanziae*, on est arrivé à lui donner, en matière de commerce, une compétence personnelle

(1) « Lorsqu'un forain venait s'établir à Florence, dit M. Thaller (*Ann. de Dr. commerc.*, 1892, p. 199), on prenait la précaution d'exiger de lui la promesse formelle de se soumettre à la juridiction des consuls des arts majeurs de la place avec lesquels il trafiquerait désormais. » Avec le temps, cette promesse cessa d'être expresse. On arriva à considérer que le seul fait de s'établir dans la ville, constituait une sorte de reconnaissance tacite de la juridiction commerciale.

à peu près universelle (1) et, petit à petit, sans qu'on y prenne garde, le caractère de cette compétence a subi une modification profonde. De personnelle elle est devenue réelle.

Primitivement la profession des parties, leur inscription sur les registres d'une guilde étaient les seules choses dont on se préoccupait pour savoir si le différend viendrait ou non devant les *consules mercatorum* ; la nature de l'affaire n'entrait point en ligne de compte. Avec le temps, la qualité des plaideurs perdit de son importance : les tribunaux ordinaires accaparant les litiges civils et la majeure partie des litiges commerciaux étant soumis à l'examen de l'*officium mercanziae,* qui jugeait plus vite et avec un esprit plus large, on finit en quelque sorte par être dupe du triage automatique qui s'opérait entre les procès. Toute convention passée par des marchands fut réputée convention commerciale et le tribunal qui, à l'origine, était spécial aux marchands, devint spécial aux affaires commerciales. C'était, on s'en rend compte, aboutir à la conception moderne des juridictions consulaires.

Dans la longue évolution que nous venons de suivre, nous nous sommes constamment reporté à l'histoire particulière de Florence, mais il n'est pas téméraire de généraliser et d'étendre les conclusions que nous avons formulées à la grande majorité des villes italiennes. A quelques détails près, l'histoire de la constitution des tribunaux de commerce est la même dans toutes les cités de la Péninsule.

Organisation de juridictions corporatives destinées à décharger les juridictions de droit commun et à permettre d'éviter leurs lenteurs, création de liens étroits entre les magistrats des diverses guildes, généralisation des mesures disciplinaires prises contre les délinquants, reconnais-

(1) Cf. Lastig, *op. cit.*, p. 275.

sance officielle des juges corporatifs qui eurent dès lors le droit de mettre à exécution leurs sentences sans recourir aux tribunaux d'Etat, intervention plus fréquente de ces juges dans les questions de représailles, extension de leur compétence aux étrangers et aux non-immatriculés, changement de point de vue relativement à l'attribution de compétence, telles sont les principales étapes que l'on retrouve à peu près partout.

SECTION II. — L'organisation.

L'apparition des premiers tribunaux de commerce italiens une fois expliquée, il nous reste, pour compléter leur étude, à décrire leur organisation, à examiner les principes de leur procédure, enfin à voir comment un droit particulier au commerce s'est formé à la longue à côté du droit civil.

D'une manière générale, on peut dire qu'au XIVe siècle, c'est aux marchands eux-mêmes (1) qu'il appartenait d'élire les juges qui composaient le tribunal consulaire. Sans doute, dans les débuts, les chefs de la cité s'arrogeaient le pouvoir de désigner les *consules mercatorum* (2), mais cette pratique disparut aussitôt que les corporations se furent emparées du gouvernement de l'Etat, naguère aux mains des représentants de l'empereur ou de l'évêque.

Si les différents statuts s'accordent pour remettre aux marchands le soin de choisir leurs magistrats, en revanche la composition numérique du tribunal et son mode d'élection varient notablement quand on passe d'une ville à l'autre. A Pavie (3), le nombre des consuls ne s'éleva jamais

(1) Cf. Lattes, *op. cit.*, p. 37.
(2) Cf. Silberschmidt, *op. cit.*, p. 6.
(3) Pavie, *Statuta mercatorum*, 1295, 80; *Stat. merc.*, 1368, 1; *Stat. de regimine potestatis*, 1393, 58.

au-dessus de deux ; à Vérone (1), à Brescia (2), à Bergame (3), à Rome (4), il y en avait quatre. La *mercanzia* de Florence (5) ne possédait qu'un seul official, mais il était assisté de cinq conseillers élus par les divers arts. A Plaisance, en 1326, sur les cinq consuls primitivement élus on en supprima deux ; puis, les marchands ayant invoqué qu'il était préjudiciable à l'honneur de leur corporation d'avoir moins de consuls que n'en possédaient les villes voisines, quatre consuls rendirent la justice à partir de 1332 (6).

Les élections se faisaient dans une réunion de l'assemblée générale des marchands. Elles étaient directes ou à deux degrés. Dans ce dernier cas, deux méthodes étaient en usage pour la désignation des électeurs du second degré. La première, c'était le vote ordinaire ; la seconde, plus curieuse, était connue sous le nom de procédé *ad brevia* (7). Dans les villes où l'on suivait ce procédé, on distribuait à chaque marchand un petit billet fermé. A l'intérieur, les billets étaient blancs ou portaient un signe spécial. La distribution terminée, on notait ceux qui étaient tombés sur les billets marqués et c'est à eux que revenait le soin de choisir les consuls, pourvu toutefois qu'ils n'eussent pas encouru la déchéance des droits civiques et qu'ils fussent d'un âge qui leur permît d'avoir un jugement mûr.

Les électeurs du second degré ne pouvaient en aucun cas s'élire eux-mêmes ou élire leurs parents. En revanche, ils avaient, en certaines localités, la faculté de désigner un nombre de personnes supérieur à celui des consuls à élire et de remettre à l'assemblée des marchands le soin de déci-

(1) Vérone, *Stat. merc.*, 1318. I, 13 ; *Stat. civ.*, 1450. I, 89.
(2) Brescia, *Stat. merc.*, 1429, 1.
(3) Bergame, *Stat. merc.*, 1457, 1.
(4) Rome, *Stat. merc.*, 1317, p. 3, 44.
(5) Lastig, *op. cit.*, pp. 294 et suiv.
(6) Lattes, *op. cit.*, ch. I, § 2, note 2, pp. 39 et 40.
(7) Lattes, *op. cit.*, ch. I, p. 42.

der quels étaient, sur la liste de présentation, les noms à rayer et les noms à maintenir (1).

Pour être éligible, il fallait avoir atteint une limite d'âge généralement fixée à vingt-cinq ou trente ans. L'on devait en outre être membre de la corporation des marchands, exercer un commerce au moment de l'élection et même quelquefois, à Plaisance en particulier, compter plusieurs années de pratique commerciale.

Les consuls sortants ne pouvaient être réélus pendant un certain laps de temps. Les parents de ceux qui avaient manqué à leurs devoirs envers la corporation étaient frappés d'incapacité. Enfin quelques statuts excluaient des fonctions consulaires certaines personnes à raison de leur mauvais renom, de leur religion ou de leur parti politique.

Les élus avaient tantôt la latitude de renoncer à leur mandat, tantôt au contraire l'obligation expresse, sanctionnée par des peines sévères, de le conserver et de l'exécuter jusqu'au bout.

La question de révocabilité n'est traitée dans aucun statut. Les jurisconsultes seuls ont envisagé l'hypothèse d'un consul ne remplissant pas correctement son office et encore sont-ils loin d'être d'accord sur la possibilité de le destituer. Straccha (2) pense qu'il était inamovible au cas où il avait prêté serment devant les autorités supérieures et qu'il était amovible dans le cas contraire. Mais c'est là une simple opinion. Il n'y a qu'un point absolument sûr : dans les villes où la nomination des consuls des marchands n'était pas soumise à l'agrément des maîtres du pouvoir politique, les corporations possédaient le droit absolu de destitution. Dans les autres, elles étaient tenues, avant toute mesure de rigueur, d'obtenir le concours de ceux

(1) Lattes, *op. cit.*, ch. I, p. 37.

(2) Straccha, *Quomodo procedendum sit.* P. II, n° 33.

qui avaient été une première fois consultés lors de la nomination (1).

Le tribunal consulaire n'était pas, en général, exclusivement composé de marchands. Une règle commune à la grande majorité des statuts stipulait qu'en dehors des commerçants experts en matière de trafic, des jurisconsultes devaient concourir aux décisions rendues dans les diverses affaires commerciales.

Il y avait plusieurs manières de mettre cette règle en application et l'une d'elles consistait précisément à prescrire que l'un des postes de consul, au lieu d'être occupé par un commerçant, serait donné à un citoyen appartenant à la classe des *judices*, c'est-à-dire à un homme familier avec la science du droit. Assez souvent même, la présidence du collège consulaire était dévolue à ce juriste (2), ce qui ne laisse pas de surprendre, car, tout imbu de droit romain, il avait une tendance naturelle à resserrer dans le moule étroit du passé les nouvelles institutions juridiques et, sous l'influence du droit canonique, il voyait en général d'assez mauvais œil bon nombre de conventions commerciales suspectes d'usure.

Là où ces inconvénients vraiment sérieux avaient été reconnus, la corporation des marchands s'attachait un jurisconsulte attitré auquel le tribunal recourait dans les cas difficiles ou bien encore, quand le besoin s'en faisait sentir, une consultation sur le point de droit débattu était demandée à l'un quelconque des docteurs ou des avocats célèbres, qui éclairait ainsi les juges, sans qu'ils fussent en retour tenus de se conformer à son opinion.

Dans n'importe lequel des systèmes adoptés, ce qu'il y a lieu de retenir, c'est que les Italiens du Moyen-Age sem-

(1) Cf. Endemann, *Beiträge zur Kentniss des Handelsrechts*, dans les *Zeitschrift* de Goldschmidt, V, 356.

(2) Il en était ainsi à Lucques. Cf. Lattes, *Il diritto commerciale nella legislazione statutaria...*, ch. V, note 10, p. 249.

blent avoir été frappés de l'insuffisance de l'équité comme critérium juridique. Autant il leur paraît nécessaire de laisser à des commerçants le soin de débattre les difficultés qui regardent le commerce, autant ils redoutent de s'en rapporter entièrement à des gens sans doute rompus à la pratique des affaires, mais très souvent ignorants des règles les plus élémentaires du droit.

SECTION III. — **La procédure.**

En ce qui concerne la procédure, deux tendances s'accusent nettement : il faut d'une part que tous les procès mercantiles soient tranchés dans des délais extrêmement restreints ; il faut d'autre part ne point tenir un compte exagéré de la lettre des textes et se décider surtout d'après les faits de la cause (1).

Nous passerons tout à l'heure en revue les nombreuses applications du premier de ces deux principes. Occupons-nous pour le moment du second qui nous permettra de comprendre facilement quel était l'esprit des juges de l'*universitas mercatorum* et en quoi cet esprit différait de celui des juges ordinaires.

Une règle devait inspirer toutes les décisions du consul ou de l'official : « *In curiâ mercatorum aequitatem præcipue spectandam et ex bono et aequo causas dirimendas esse et de apicibus juris disputare minime congruere.* »

Qu'est-ce donc que juger *ex aequo et bono* ? C'est sortir du domaine de l'abstraction, c'est scruter avec un soin jaloux les moindres circonstances de la cause, c'est s'enquérir des raisons qui ont pu déterminer le défendeur, c'est étudier sa personne, peser les conséquences effectives ou probables de ses actes, rechercher la somme exacte des responsabilités encourues.

(1) Cf. Lattes, *op. cit.*, chap. V, § 22, p. 259.

Il est bien certain que si l'on se contente de disputer et d'épiloguer sur la valeur des termes employés par le législateur, bien rarement, dans les différends commerciaux, l'on arrivera aux conclusions pratiques les plus simples et les plus justes. Or, à l'époque à laquelle nous nous trouvons, les tribunaux ordinaires étaient assez enclins à laisser de côté les renseignements particuliers à l'espèce qui leur était soumise, pour se confiner dans des discussions obscures et pleines de subtilités. Les avocats, de leur côté, se souciaient assez peu d'apporter de la lumière dans leur exposition ; dédaigneux des réalités et des contingences, ils s'employaient avant tout à donner une interprétation ingénieuse aux textes ambigus.

Contre ces tendances, les juges commerciaux essaient de réagir. Comprenant à merveille que ceux qui ont rédigé les lois n'ont pu prévoir et envisager la généralité des cas, ils n'hésitent pas à proclamer qu'en certaines circonstances particulières, il y a avantage à s'écarter quelque peu des préceptes habituellement suivis. Naturellement ils proscrivent les *apices juris* (1) que Straccha a fort bien définies : « *summitas acuminata atque indivisa, nimium a singulari casu remota, non consideratis rei, de quâ agitur, circumstantiis* (2). » La recherche de la vérité, pour eux, voilà l'important. Quant aux règles, s'ils s'en servent, c'est surtout à titre d'indication et seulement quand le bon sens risque d'être embarrassé.

La conséquence pratique des idées en honneur chez les magistrats consulaires est facile à saisir : à leur tribunal, les enquêtes sont minutieuses, les plaidoiries sont courtes, les arrêts mentionnent exactement les faits et cherchent à les éclairer les uns par les autres ; l'érudition juridique est peu goûtée ; en revanche l'ordre et la clarté sont considérés comme deux qualités essentielles.

(1) Cf. Endemann, *Beiträge... etc.*, p. 363.
(2) Straccha, *Quom. proc. sit.* P. 1, n° 6.

Le principe d'après lequel les procès mercantiles devaient être conduits avec la plus grande célérité possible se répandit surtout après la promulgation de la célèbre décrétale *Saepe* rédigée par le pape Clément V en 1306. C'est cette décrétale qui fixa d'une manière définitive le sens du fameux précepte que l'on rencontre couramment dans les statuts : « *Quod procedatur sine strepitu et figura judicii* » et les commentaires qu'elle fournit sur ce point sont si développés que beaucoup de législations commerciales italiennes postérieures au début du XIVe siècle se bornent à reproduire la formule en usage sans aucune addition explicative, de sorte qu'il était tacitement entendu qu'en cas de controverse les tribunaux devraient se reporter aux prescriptions de la décrétale et s'y conformer strictement.

Les principales dispositions que Clément V contribua à faire admettre parmi les usages commerciaux sont relatives à l'abandon des formes embrouillées de la procédure ordinaire, à la diminution des vacances judiciaires, enfin au renforcement des pouvoirs concédés au magistrat pour assurer la bonne police des audiences et régler la marche des procès.

En ce qui concerne les omissions de solennités, la décrétale déclarait qu'elles ne pourraient entraîner la nullité des actes de procédure qui avaient été faits, qu'autant qu'elles présenteraient un caractère particulier de gravité. En général les juges commerciaux n'avaient pas à en tenir compte. « *Si tamen, in præmissis casibus, solemnis ordo judiciarius... non observatur*, dit le texte, *non erit processus propter hoc irritus nec etiam irritandus.* » Comme on le voit, le plaideur qui avait suivi une fausse piste, était le plus souvent, grâce à la Clémentine, dispensé de recommencer des formalités longues et coûteuses.

Quelques villes comprenant l'intérêt qu'il y avait à rendre les procès commerciaux moins dispendieux et plus rapides, poussèrent la réforme encore plus loin que Clément V. Elles proportionnèrent en quelque sorte les solennités à l'importance de la cause. Dans certains endroits, le montant du litige exerçait même une influence sur la composition du tribunal ou sur la compétence (1). A Plaisance, si la valeur en cause était inférieure à dix livres, un consul suffisait pour le jugement ; si elle était supérieure à ce taux sans dépasser cinquante livres, deux consuls étaient nécessaires ; au-dessus de cinquante livres, on exigeait l'intervention d'un jurisconsulte et de deux avocats des marchands. A Bologne, jusqu'à cinq livres bolonaises, le juge de l'université des marchands jugeait seul ; passé cette limite, les consuls délibéraient avec le juge et la décision était prise à la majorité absolue des suffrages. De même, à Florence, d'après les statuts de 1425, quand des marchands appartenant à l'un des sept arts mineurs portaient au tribunal de l'art une affaire ayant trait à l'une des industries corporatives, les consuls ne pouvaient examiner le procès que si la demande n'excédait pas deux cents livres ; au-dessus de cette somme, ils étaient forcés de renvoyer les plaideurs devant l'*officium mercanziae*, qui seul avait qualité pour statuer.

Elaguer dans les actes de procédure tout ce qui n'était pas indispensable, diminuer par conséquent la besogne des juges et du personnel judiciaire, c'était un premier moyen d'accélérer la marche de la justice commerciale. Mais si l'on s'en était tenu à des mesures de simplification, la *curia mercatorum*, quoique plus expéditive que les juridictions ordinaires, aurait cependant répondu d'une manière encore bien imparfaite aux besoins des commerçants.

Les tribunaux, au Moyen-Age, étaient loin de siéger quotidiennement, comme de nos jours ; la majorité des coutumes leur prescrivaient seulement de tenir séance une ou deux fois par semaine. Or les fêtes étaient nombreuses.

(1) Cf. Lattes, *op. cit.*, ch. V, § 23, pp. 262 et 272.

Sans parler des anniversaires de l'Eglise qu'on célébrait en grande pompe, tout était matière à réjouissances : les moissons, les vendanges, le départ pour la guerre ou le retour des expéditions militaires. Les jours de fête, les magistrats civils désertaient le prétoire. On comprend combien il aurait été funeste pour les relations des marchands, qui souffrent des moindres retards, que les juges commerciaux pussent en faire autant.

C'est pourquoi la Clémentine permit et la plupart des statuts ordonnèrent que l'on examinât les causes mercantiles, même les jours fériés. Peu importait que ces jours fériés fussent des fêtes religieuses ou des fêtes profanes telles que celles qui avaient lieu à l'occasion des moissons ou des vendanges. Les seuls jours exceptés étaient les jours fériés *in honorem Dei*, c'est-à-dire les fêtes solennelles (1). Encore permettait-on de procéder ces jours-là à des actes purement conservatoires, comme un séquestre de biens ou l'arrestation d'un débiteur suspect de fraude et soupçonné de vouloir échapper par la fuite aux conséquences de ses malversations.

Non seulement la décrétale de 1306 multiplia les audiences, mais, grâce à elle aussi, les audiences furent mieux remplies. L'intervention des avocats donnait lieu devant les tribunaux civils à des discussions et à des chicanes aussi interminables que stériles, qui entraînaient naturellement des pertes de temps et d'argent. Afin d'éviter cet abus, le droit de représentation devant les tribunaux de commerce fut strictement limité. D'une manière à peu près générale, il fut interdit aux parties de confier la défense de leurs intérêts à des avocats ou aux officiers de la corporation qui était saisie de l'affaire (2). Les étrangers, les indigents, ceux qui avaient pour ne pas comparaître des motifs d'absence déclarés suffisants et les personnes incapables, c'est-

(1) Cf. Lattes, *op. cit.*, pp. 262 et 299.
(2) Cf. Lattes, *op. cit.*, ch. V, § 22, p. 261.

à-dire les mineurs et les femmes, jouissaient seuls de la faculté de se faire représenter par n'importe qui. Quelques statuts accordaient au magistrat le droit d'obliger les plaideurs à se rendre en personne ; la plupart leur permettaient d'envoyer à leur place un mandataire, mais celui-ci devait appartenir à la corporation du mandant ou être tout au moins un proche parent. De plus, fréquemment, on exigeait de lui la production d'une caution destinée à assurer la ratification de ses actes (1).

Lorsque, ce qui était, comme on le voit, assez rare, les avocats réussissaient à prendre la parole au tribunal consulaire, on ne leur permettait pas d'abuser de leur expérience pour allonger le procès : « *Judex...*, *litem quanto poterit, faciat breviorem, advocatorum et procuratorum*, dit la décrétale, *contentiones et jurgia refrenendo.* »

Devant les juridictions ordinaires, la principale ressource des avocats chicaneurs, c'était d'entasser les exceptions sur les exceptions. Or certains tribunaux de commerce italiens, en particulier, celui de Plaisance (2), les repoussaient toutes sans distinction. A Monza (3), à Milan (4), aucun moyen de droit ne pouvait être victorieusement opposé à une preuve résultant de la production des livres de commerce. Les exceptions qui reposaient sur le non-accomplissement des formalités exigées n'étaient admises nulle part, parce qu'on les considérait comme des *apices juris* (5) et, parmi celles qui touchaient au fond même du procès, « *quæ merita causæ negotiique veritatem et partis defensionem respiciebant* », comme disaient les jurisconsultes, il en était encore quelques-unes que les statuts locaux prohibaient ou dont les cas d'application étaient limités.

(1) Il en était ainsi à Florence et à Bologne.

(2) Plaisance, *Stat. merc. recent.*, 1325, 8.

(3) Monza, *Stat. merc.*, 1331, 31.

(4) Milan, *Stat. civ.*, 1396 VIII (*merc.*), 108.

(5) Cf. Endemann, *Beiträge zur Kentniss des Handelsrechts*, § 5.

C'est en vain qu'à Milan, à Crémone, à Monza, le fils de famille invoquait auprès des tribunaux consulaires son état d'incapacité pour obtenir l'annulation des engagements qu'il avait contractés au cours de ses opérations commerciales. De même, l'exception d'incompétence devait être invoquée, à Brescia (1), avant l'audition des témoins ou la présentation des conclusions et, à Lucques (2), dans les huit jours de la demande, devant les juges ordinaires, qui n'avaient que six jours pour statuer. Enfin une règle s'appliquait à toutes les exceptions admises, c'est qu'il fallait les soulever au début même du procès et cela, sous peine de les voir repoussées par le tribunal comme tardives.

Si, pour différer l'issue d'un litige funeste à son client, l'avocat ne pouvait guère recourir aux exceptions, il n'avait pas non plus beaucoup à compter sur la durée des interrogatoires, l'allongement des plaidoiries ou les retards apportés par le juge à rendre sa sentence. Sans doute le magistrat avait pleine faculté d'interroger les parties aussi souvent qu'il lui plaisait, soit avant, soit même après la *litis contestatio*, mais celles-ci devaient répondre sur le champ et, le plus souvent, à l'inverse de ce qui se passait devant la juridiction ordinaire, il leur était interdit de remettre au tribunal des *positiones* (3), c'est-à-dire des chapitres spéciaux préparés d'avance et contenant des questions auxquelles l'adversaire était tenu de répondre par une négation ou une affirmation pure et simple.

Quand, par hasard, les statuts admettaient l'usage des *positiones*, ce qui avait lieu par exemple à Bologne (4), ils le réglementaient sévèrement. Les *positiones* devaient être écrites en langue vulgaire suivant l'usage des bons marchands et être relatives au mérite de la cause. Celui

(1) Brescia, *Stat. merc.*, 1429, 43.
(2) Lucques, *Stat. merc.*, 1610, 1, 5.
(3) Cf. Endemann, *Beiträge zur Kentniss des Handelsrechts*, § 4.
(4) Bologne, *Stat. merc.*, 16.

qui les présentait devait se garder de brouiller l'ordre des questions en vue d'embarrasser l'adversaire. Comme sanction, le juge avait le droit de retrancher de l'interrogatoire tout ce qui lui semblait obscur ou suspect de mauvaise foi. La partie interpellée n'avait pas à entrer dans de longs développements ; il lui suffisait de dire « *credo* » ou « *non credo* » et le greffier enregistrait sa réponse.

Les plaidoiries étaient bornées comme les interrogatoires (1). Des règles précises limitaient le nombre des répliques et des contre-répliques. « *Judex...amputet dilationum materiam...* », dit la Clémentine. Fréquemment les statuts fixaient pour les débats un maximum de durée. Fréquemment aussi ils assignaient des délais pour la représentation des preuves. Ces délais ne pouvaient être allongés que si des témoins ou des renseignements devaient être cherchés en dehors de l'arrondissement où avait lieu le procès. Enfin il n'était pas rare que le juge lui-même n'eût qu'un petit nombre de jours pour former sa conviction.

On voit, d'après tout ce qui précède, quelle influence les deux principes énoncés par la décrétale du pape Clément V ont eue sur l'ancienne procédure italienne. Nous avons tenu à les mettre en saillie dès le début, car, à eux seuls, ils donnent déjà une idée très nette de l'esprit qui guidait les juges commerciaux de la Péninsule.

Notre étude sur la procédure serait néanmoins incomplète si nous la bornions à l'examen de ces deux principes. A côté des tendances qui expliquent la forme particulière prise par les institutions, il convient de jeter un coup d'œil sur les institutions mêmes, qui sont le résultat de ces tendances. En nous appuyant sur le texte des principaux statuts, nous allons donc maintenant essayer de retracer la marche générale des affaires portées devant les juridictions consulaires.

(1) Cf. Lattes, *op. cit.*, p. 262.

Tout d'abord, qui pouvait ester devant ces juridictions (1)? Sur ce point la plupart des législations locales se montrent très larges.

Les mineurs acquéraient la capacité d'ester en même temps que la capacité d'exercer le commerce: du jour où, en raison de leur qualité de marchands, ils pouvaient être mêlés à des affaires commerciales, ils étaient en mesure de les débattre à la *curia mercatorum.*

Les étrangers n'étaient pas moins bien traités que les mineurs. Ils n'étaient tenus de donner caution que quand l'adversaire en faisait la demande.

Seuls, les officiers de l'université des marchands étaient privés du droit de lui soumettre leurs propres litiges, tant que duraient leurs fonctions. Encore y avait-il quelques restrictions à cette défense: la juridiction commerciale pouvait être saisie quand il s'agissait d'affaires se rapportant à la charge même remplie par le demandeur. Elle était compétente par exemple pour obliger ceux qui avaient eu recours au ministère d'un officier à le rembourser des droits avancés ou à le rémunérer des actes juridiques qu'il avait rédigés, tels que citations, notifications, etc.

Le procès s'ouvrait de façon assez différente suivant les villes. Dans les unes (2), l'on reconnaissait que la signification d'un exploit n'était point nécessaire : une simple citation orale suffisait, pourvu que les chefs de la corporation de l'intéressé en fussent avertis et qu'ils aient mentionné cet avertissement sur les registres spécialement destinés à cet usage. Ailleurs, on proscrivait rigoureusement toute demande écrite (3). Ailleurs enfin, on adoptait une solution mixte. Soucieuses de ne point priver le défendeur d'un libelle qui lui permettait très souvent de deviner

(1) Voyez à ce sujet Lattes, *op. cit.*, p. 260.

(2) Pavie, *Stat. merc.*, 1295, 179, 206 ; Brescia, *Stat. merc.*, 1429, 43 ; Crémone, *Stat. merc.*, 1388, 68 ; Bergame, *Stat. merc.*, 1457, 16.

(3) Vérone, *Stat. merc.*, 1318, II, 28.

le système d'attaque de l'adversaire et qui, en tout cas, lui indiquait nettement les prétentions qu'il avait à combattre, bien résolues par contre à ne point tolérer des complications inutiles ou périlleuses, les juridictions mercantiles admettaient l'usage des exploits, mais exigeaient strictement qu'ils fussent rédigés en langue vulgaire, d'une manière simple et compréhensible. Il en était ainsi à Milan, à Florence et à Bologne.

Pour fixer le tribunal compétent, on suivait généralement en matière de commerce les mêmes règles qu'au civil. Si la convention qui liait les parties indiquait par avance un tribunal chargé de résoudre les difficultés qui surviendraient, c'est à ce tribunal qu'on devait s'adresser. Quand, au contraire, la convention était muette, suivant les cas, la compétence appartenait à la juridiction du domicile du défendeur ou à celle du lieu où avait été conclu le contrat.

Ces règles étaient à peu près partout appliquées. Une seule dérogation est à relever dans les statuts, mais elle est des plus remarquables. A Brescia, le défendeur était tenu de suivre le *forum* du demandeur et, si celui-ci possédait la qualité de marchand, il n'en fallait pas davantage pour que le tribunal de commerce fût compétent (1).

Lorsqu'il naissait des difficultés relatives à des questions de compétence, le plus souvent les juges civils en avaient la connaissance exclusive. Cependant, bon nombre de statuts, spécialement en Lombardie, décidaient que pour la solution de pareilles difficultés, ils devraient s'adjoindre quelques marchands, qui avaient alors voix consultative. De toute façon, le dernier mot, en matière de compétence, appartenait, on le voit, aux magistrats civils.

Il n'y a pas lieu d'en être surpris, car déterminer la juridiction qui doit statuer est plutôt un problème de droit qu'une question de fait et ce problème, que les commer-

(1) Cf. Lattes, *op. cit.*, chap. V, § 22, p. 260.

çants avaient tout intérêt à voir résoudre promptement, avait bien plus de chances d'être débrouillé sans hésitation et sans erreur par des juristes que par des marchands.

L'assignation une fois lancée, si le tribunal mercantile ne recevait aucun ordre des magistrats civils ni aucune requête des parties tendant à le dessaisir, l'instruction de l'affaire commençait. Elle était confiée à un seul consul qui examinait les pièces du procès, entendait les témoignages et essayait d'après les renseignements recueillis de se former une opinion.

Déposait-il ensuite un rapport destiné à éclairer la religion de ses collègues ? C'est fort probable (1), car autrement comment les membres du tribunal auraient-ils pu apprécier le bien fondé des prétentions émises ? En se reportant aux pièces qui avaient été fournies, aux témoignages qui avaient été consignés ? Mais il est clair qu'agir ainsi c'eût été recommencer l'instruction et par conséquent allonger considérablement des débats qui devaient être menés avec rapidité. Quoi qu'il en soit, le silence des statuts est à noter.

Après la clôture de l'enquête et avant le prononcé du jugement, les membres du tribunal devaient délibérer collectivement, sous peine de voir leur sentence entachée de nullité.

C'est dans cette phase du procès qu'apparaît peut-être de la manière la plus nette l'influence considérable exercée par les jurisconsultes sur les tribunaux de commerce italiens. Lorsque la cause était délicate et obscure et que les juges ne pouvaient arriver à se mettre d'accord sur la solution à adopter, ils avaient coutume, en certaines villes,

(1) Nous ne sommes pas éloigné de croire que le rôle des consuls préposés à l'instruction se rapprochait assez du rôle dévolu de nos jours aux membres des tribunaux de commerce chargés d'une affaire mise en délibéré.

de demander aux juristes, aux *savii*, comme on les appelait, une consultation. D'autres législations allaient jusqu'à donner l'initiative d'une telle mesure non pas aux magistrats, mais aux parties elles-mêmes. Parfois enfin, il arrivait que les plaideurs avaient le droit non seulement de modifier la composition du tribunal par l'adjonction de *savii*, mais encore de réduire celui-ci au rôle d'une chambre d'enregistrement : les *savii* étaient constitués arbitres et leur sentence arbitrale était reproduite sans modification dans l'arrêt de la juridiction commerciale (1).

Quand aucune personne étrangère au tribunal ne concourait à la confection du jugement, les statuts stipulaient d'ordinaire que celui-ci, pour être valable, devrait avoir reçu l'approbation de la majorité des juges. Cette règle, très simple en théorie, soulevait pratiquement d'incessantes difficultés (2).

Le désaccord le plus complet existait notamment entre les interprètes sur le point de savoir si la majorité exigée était celle des magistrats assistant à l'audience ou celle de tous les juges-consuls de l'*universitas mercatorum* présents ou absents, les absents entrant en ligne de compte du moment qu'ils avaient été convoqués.

Le mode de convocation des juges n'était pas non plus très nettement établi : d'après les uns, ils étaient réputés avertis lorsque la trompette avait sonné ou que la cloche du beffroi avait retenti ; d'après les autres, des notifications individuelles étaient indispensables.

Aux difficultés d'interprétation résultant de ce que les juristes étaient divisés sur la véritable définition de la majorité venaient parfois se joindre des difficultés de calcul provenant de ce qu'il n'y avait pas toujours égalité entre les membres du tribunal. La plupart des tribunaux de commerce comprenaient à la fois des marchands et des juris-

(1) Cf. Lattes, *op. cit.*, p. 264.

(2) Cf. Endemann, *Beiträge zur Kenntniss des Handelsrechts*, § 3.

consultes. Or, il n'était pas rare que l'avis des premiers pesât moins que l'avis des seconds et, si la loi n'avait pas clairement indiqué, pour toutes les hypothèses possibles, la valeur relative du vote d'un marchand et celle du vote d'un jurisconsulte, de nombreux conflits surgissaient.

Le statut de Ferrare (1) est assez propre à nous donner une idée de la complication des règles qui servaient, au cours des délibérations, à déterminer la majorité. A Ferrare, le collège appelé à trancher les affaires commerciales était composé d'un jurisconsulte et de deux marchands. La sentence était valable, lorsqu'elle avait reçu l'approbation du jurisconsulte et de l'un quelconque des marchands. Quand l'opinion des deux marchands différait de celle du jurisconsulte, on adjoignait aux juges primitifs deux nouveaux marchands et un second jurisconsulte. Pour qu'un avis triomphât, il fallait, à partir de cette adjonction, qu'il eût en sa faveur trois marchands et l'un des deux jurisconsultes. Les quatre marchands étaient-ils unanimes à soutenir une opinion que les jurisconsultes combattaient, le tribunal priait l'un des *savii* de la ville de prendre part à ses séances et l'on délibérait dès lors à la majorité absolue des votants.

Si dans certaines causes, où il était difficile de voir clair et au sujet desquelles les opinions étaient partagées, les tribunaux de commerce ne craignaient point d'allonger les débats en vue d'éviter des erreurs, une fois l'arrêt rendu, la justice suivait du moins son cours avec une remarquable promptitude. Loin d'entraver la marche des poursuites, d'échapper durant quelque temps aux conséquences d'un mauvais procès, le défendeur qui faisait défaut, ne risquait qu'une chose, c'était de gâter son affaire, d'aggraver sa situation. En effet, les lois qui traitaient le plus favorablement les contumaces prescrivaient aux ma-

(1) Ferrare, *Stat. civ.*, VIII, 1.

gistrats de poursuivre l'instruction régulière du litige, comme si les deux parties étaient présentes. Au cas où le demandeur justifiait ses prétentions, le tribunal, bien que le défaillant n'ait pas pu se défendre, rendait un jugement qui était réputé contradictoire et qui était susceptible d'être mis immédiatement à exécution. Ce régime, on l'avouera, ne manquait pas de sévérité.

Beaucoup de statuts cependant ne s'en tenaient pas là. Il y avait un grand nombre de villes où l'on estimait que le contumace, en s'abstenant volontairement de paraître au tribunal, reconnaissait implicitement le bon droit de son adversaire. Conformément à cette manière de voir, on admettait que le demandeur n'avait pas à prouver le bien fondé de ses réclamations, on les proclamait équitables sans le moindre examen et on autorisait d'emblée la saisie et la vente des biens du condamné.

Cette législation était tellement draconienne qu'en certains endroits, tout en l'adoptant, on avait cru bon de la mitiger par un léger correctif : à Crémone (1) et à Brescia (2), l'on accordait au débiteur cinq jours à compter de la date de l'exécution pour obtenir la rescision de la vente de ses propriétés, moyennant le versement du prix d'achat entre les mains du créancier poursuivant.

En revanche, il y avait des villes où les effets désastreux de la contumace commerciale étaient encore augmentés par une sanction pénale : le législateur considérait le marchand défaillant comme un révolté qui se jouait de l'autorité des magistrats et, non content de donner raison à l'adversaire sans nul débat, il n'hésitait pas à prononcer contre l'absent une forte amende ou même à le condamner à l'emprisonnement (3).

L'on voit, d'après les détails que nous venons de fournir,

(1) Crémone, *Stat. merc.*, 1388, 80, 87.
(2) Brescia, *Stat. merc.*, 1429, 58, 64.
(3) Cf. Lattes, *Il diritto commerciale*.... § 22, p. 265.

qu'en général les tribunaux de commerce italiens n'autorisaient point l'opposition. Jouissait-on au moins du droit d'appel ? Sur ce point, les divers statuts sont loin de concorder.

Il ne manquait pas de cités où, par crainte d'allonger les procès, de mécontenter les marchands étrangers soucieux à la fois d'accomplir rapidement leurs voyages commerciaux et de ne pas laisser derrière eux un litige en suspens, on repoussait radicalement tout recours contre les décisions rendues (1).

Certains statuts distinguaient suivant la nature de la contestation ou la qualité de la personne mécontente du premier jugement. Ainsi le *Breve curiae maris* de Pise admettait l'appel en général mais le repoussait quand il s'agissait de difficultés relatives aux avaries des navires, au fret ou au salaire des gens d'équipage. De même, les statuts de Bologne décidaient qu'en matière de change le créancier avait le droit d'appel, tandis que le débiteur en était privé.

Ailleurs, le montant du litige était pris en considération. S'agissait-il d'une bagatelle de quelques livres, on ne comprenait pas que les plaideurs épuisassent tout l'attirail judiciaire pour si peu. Quand, au contraire, l'objet du procès en valait la peine, la justice ne refusait pas d'y regarder à deux fois (2).

Ailleurs enfin, on appliquait les prescriptions de la Clémentine de 1306 : « *Judex litem, quanto poterit, faciat breviorem.... appellationes dilatorias et frustratorias repellendo.* » On consentait bien à ce que les plaideurs appelassent d'un jugement définitif, mais non d'un jugement

(1) Pavie, *Stat. merc.*, 1295, 226; Plaisance, *Stat. merc.*, 1321, 526, *d° recent.*, 1333, 10 ; Florence, *Const. Camps.*, 1299, 8 ; *Statuts de Calimala*, 1332, I, 42, 51 ; Crémone, *Stat. merc.*, 1388, 69, 72 ; Milan, *Statula*, 1396, VII (merc.) 34, 35, 38 ; Bergame, *Stat. merc.*, 1457, 16, 23.

(2) Pavie, *Decr. ducale*, 1417 (stat. merc., 76) ; Vérone, *Stat. civ.*, 1450, I, 90 ; Pesaro, *Stat. merc.*, 1532, 42 ; Bologne, *Stat. merc.*, 1509, 27.

interlocutoire (1), car, s'il importait de multiplier les précautions en vue de rendre la justice plus éclairée et plus infaillible, il convenait, en revanche, de ne point permettre aux parties d'arrêter le cours du procès, ce qu'elles n'auraient pas manqué de faire quand la mesure d'instruction ordonnée par le tribunal leur serait apparue comme un mauvais présage.

Là où les décisions judiciaires étaient susceptibles d'infirmation, l'on avait, suivant les villes, tantôt le droit d'appel devant un tribunal supérieur, tantôt la faculté de solliciter des magistrats primitifs la révision de leur propre sentence. Il arrivait même qu'après une demande en révision infructueuse, l'on pouvait encore appeler (2).

Quelle que fût la voie de recours ouverte aux plaideurs, ils devaient agir dans un délai fort bref. En général, ils n'avaient guère que trois à cinq jours (3) pour attaquer la décision qui leur paraissait critiquable. L'appel formé, l'exécution du jugement était suspendue et les débats recommençaient devant le tribunal du second degré.

La composition de celui-ci était assez variable. Quelquefois il se réduisait à deux juges, dont l'un était le podestat, l'autre, le camerlingue (4). Il arrivait fréquemment que les consuls de l'université des marchands étaient chargés de la nomination des magistrats supérieurs (5) ou encore que l'on élisait un certain nombre de marchands, parmi lesquels le sort désignait les membres des juridictions d'appel.

En ce qui concerne la procédure de ces juridictions, il y avait fort peu de règles, ce qui tient probablement à ce que l'on se référait le plus souvent aux principes suivis en

(1) Cf. Lattes, *Il diritto*, p. 266.
(2) Il en était ainsi par exemple à Brescia. Voyez *Stat. merc.*, 1429, 49, 62.
(3) Cf. Bergame, *Stat. merc.*, 1457, 104; Brescia, *Stat. merc.*, 1429, 62, 65.
(4) Cf. Vérone, *Stat. civ.*, 1450, I, 90.
(5) Cf. *Decreta antiqua ducum Medioliani*, pp. 285, 308.

première instance. Pouvait-on modifier les anciennes conclusions, présenter de nouvelles demandes, user de nouveaux moyens de preuve ou se servir d'arguments, qui n'avaient pas encore été employés, pour démontrer le bien fondé de la cause que l'on soutenait ? Ce sont là autant de points obscurs sur lesquels, selon toute vraisemblance, les diverses législations locales ne s'entendaient guère.

Une chose seulement est certaine : quand la sentence rendue en appel était conforme à la sentence du premier degré, elle était toujours irrévocable. Dans le cas contraire, on avait souvent la faculté de recourir à un tribunal de troisième instance (1), qui choisissait entre les deux solutions successivement adoptées et amenait le triomphe définitif de l'une ou de l'autre.

L'institution de ce tribunal de troisième instance n'est pas une des moindres curiosités du droit municipal italien. Elle indique combien les marchands qui l'accueillirent, avaient le souci d'éviter les erreurs judiciaires. La partie qui, après un premier arrêt rendu à son détriment, ne s'estimait point traitée suivant l'équité, avait en effet toujours la ressource de tenter à nouveau la chance d'un procès et il était bien peu probable que le hasard se montrât deux fois injuste.

Nous venons de considérer, les unes après les autres, les diverses phases par lesquelles passaient d'habitude les litiges des négociants. Après l'examen auquel nous nous sommes livrés, trois points principaux sont à retenir. La procédure adoptée par les *curiae mercatorum* était d'une simplicité remarquable. Elle n'admettait aucune longueur provenant de questions de forme. Enfin, quoique très expéditive, elle ne sacrifiait pas la justice à la rapidité, elle tenait compte dans une certaine mesure de la faillibilité des magistrats et n'enlevait pas d'un coup toute espérance au plaideur qui avait eu d'abord le tribunal avec lui.

(1) Cf. Lattes, *op. cit.*, p. 266.

Comment cette procédure s'est-elle répandue, comment est-elle devenue d'une application générale en Italie ? Nous l'avons déjà sommairement indiqué, c'est en grande partie sous l'influence des canons ecclésiastiques, des Décrétales. L'intervention du pape en matière de législation commerciale peut paraître étrange à première vue. Elle s'explique cependant. Personne ne niera qu'il existe d'étroits rapports entre les préceptes de la morale et ceux des lois positives. Au Moyen-Age, l'Eglise, qui s'était toujours considérée comme la gardienne des premiers, jugea indispensable, en l'absence de tout pouvoir civil fortement organisé, de veiller aussi sur les seconds.

En ce qui concerne spécialement le droit commercial, elle empiéta d'autant plus volontiers sur le domaine des autorités laïques que, si elle n'était intervenue, certains contrats, certains usages absolument incompatibles avec ses doctrines favorites, auraient fini par s'implanter sur le sol italien. Nous avons à peine besoin de rappeler l'importance de son rôle dans la lutte contre l'usure et ses efforts persévérants contre l'admission du prêt à intérêt.

L'ingérence du clergé, qui souvent fut dénoncée et combattue, aurait sans doute éveillé des soupçons encore plus fréquents, des ressentiments encore plus vifs que ceux que l'on constate, si elle n'avait été savamment masquée. C'est à ce besoin de déguisement en même temps qu'au désir de satisfaire la classe des marchands, qui commençait à compter, que nous attribuons l'ampleur et la variété des dispositions contenues dans les Décrétales. Pour intervenir, les papes s'autorisent de ce que l'usage ne doit pas être en contradiction avec le *jus divinum*. Partant de ce principe, ils refondent toutes les règles coutumières qui sont contraires aux intérêts de l'Eglise et, chemin faisant, ils abordent des sujets absolument étrangers au droit canonique, ce qui leur permet à la fois d'élargir le domaine des juridictions ecclésiastiques et de détourner l'attention publique des matières qui les intéressent directement et sur lesquelles portent leurs principales réformes. Voilà, selon nous, de quelle manière on peut arriver à comprendre la genèse des paragraphes où les auteurs des Décrétales traitent de la procédure particulière à suivre dans les affaires mercantiles. Ce sont surtout des paragraphes de remplissage qui concilient, condensent et résument, en respectant leur esprit, les prescriptions les plus répandues.

Bien différents sont les passages des Décrétales où il est question du fond même du droit. Là, les innovations sont multiples. Aussi n'y a-t-il pas lieu de s'étonner si l'action de l'Eglise a eu des résultats diamétralement opposés suivant qu'elle s'est exercée sur la procédure ou sur les contrats commerciaux, les obligations qui en découlent, les conflits auxquels ils donnent lieu. En fixant le sens des formules peu claires (1), en indiquant la voie dont le procès ne devait point s'écarter, les Décrétales ont à coup sûr fortement contribué à rendre la procédure partout à peu près la même. Rédigées en vue d'étendre la compétence ecclésiastique, elles ont beaucoup nui au contraire à l'unité de l'organisation judiciaire, à la formation rapide d'un droit commercial général.

SECTION IV. — **Mode de constitution du droit commercial italien.**

Si, après bien des tâtonnements, les divers tribunaux consulaires adoptèrent des principes juridiques analogues, l'honneur en revient uniquement aux universités de marchands qui eurent parfois des initiatives audacieuses et dont l'activité législative alla toujours croissant. Rien n'est plus curieux que de suivre leurs efforts patients et continus, d'une part pour introduire des règles en harmonie avec

(1) Cf. Lattes, *Il diritto commerciale...*, p. 259.

les rapports juridiques qui dérivent du commerce, d'autre part pour opérer un triage parmi ces règles, de manière à ne conserver que les meilleures, qui finalement furent communes à presque toutes les villes.

C'est avec une grande réserve d'abord que les corporations entreprirent à leur profit la transformation du droit. Elles se gardèrent de toucher immédiatement aux lois civiles en vigueur et se contentèrent de combler les lacunes existantes en créant quelques coutumes additionnelles. Aussi la majorité de ces coutumes se réfèrent-elles uniquement aux relations des négociants avec les chefs des *collegia* ou à des prescriptions d'un caractère purement technique (1).

Mais bientôt la variété des professions augmenta, des contrats d'une forme nouvelle apparurent dont il fallut régler les effets. Précisément à la même époque, sous l'influence canonique, l'application des défenses relatives à l'usure devenait plus étendue et plus stricte. Les transactions furent dès lors à tel point difficiles que les marchands ne tardèrent pas à tenter une réaction énergique contre les rigueurs de la législation civile. Brusquement les coutumes d'origine corporative se multiplièrent, augmentèrent en efficacité et non seulement ces coutumes servirent à suppléer, comme auparavant, aux lois ordinaires, mais encore elles y dérogèrent, afin de soustraire désormais les actes juridiques des marchands au droit commun, toutes les fois qu'il était plus nuisible qu'utile à l'activité du commerce.

Il se forma ainsi peu à peu dans chaque ville un droit particulier exclusivement applicable aux procès mercantiles qui prit une importance considérable avec le dévelop-

(1) Parmi ces prescriptions, citons à titre d'exemple celles qui étaient relatives à la destruction des produits mal fabriqués et à l'observation des règles de l'hygiène dans les ateliers.

pement des *collegia* et l'extension de la compétence consulaire.

Loin de combattre ses progrès, les autorités communales qui se recrutaient surtout parmi les négociants, le favorisèrent. Elles passèrent même des accords spéciaux avec les *universitates mercatorum*, afin d'autoriser un certain nombre de dérogations aux règles habituellement suivies (1). Enfin, la coutume s'étant établie pour les podestats de promettre sous serment, à leur entrée en charge, le maintien des brefs et des statuts corporatifs en vigueur, l'existence du droit commercial se trouva officiellement assurée et consacrée.

Il restait, pour faciliter les relations de cité à cité, à unifier autant que possible les législations locales, de manière à ce que les marchands ne trouvassent pas une trop grande différence de traitement juridique, quand, au cours de leurs voyages, ils passaient d'un endroit à un autre. Cette unification fut surtout l'œuvre des *emendatori* (2).

Ceux-ci étaient des fonctionnaires corporatifs spécialement préposés à la compilation et à la revision des statuts. Dans quelques cités, leur mandat était permanent et périodiquement renouvelable. Ailleurs, ils exerçaient des fonctions temporaires et l'on ne faisait de nominations que lorsqu'une refonte des statuts paraissait indispensable (3).

Si la durée de leurs pouvoirs était assez variable, en revanche leur méthode de travail était partout à peu près la même. Elle consistait à examiner, d'après les résultats pratiques, quelles étaient les meilleures lois de la région et à les reproduire, le plus souvent sans modification.

La comparaison des statuts des villes lombardes, Monza, Milan, Crémone, Brescia, Bergame, ne laisse aucun doute

(1) Cf. Lattes, *op. cit.*, p. 59.
(2) On les appelle quelquefois *statutarii*.
(3) Cf. Lattes, *op. cit.*, ch. II, § 4, notes 10 et 11.

à cet égard. Quand on passe successivement en revue les compilations locales de ces villes, on n'a pas de peine à constater qu'elles contiennent des chapitres absolument identiques quant à la forme et quant au fond. Le plagiat est d'autant plus manifeste qu'il s'étend quelquefois même aux erreurs.

Ainsi, aux termes des statuts de Monza (1), celui qui devenait débiteur à la suite d'une affaire commerciale devait acquitter les billets qu'il avait souscrits « *benchè non fosse expressà la causa del debito* », c'est-à-dire même si la cause de la dette n'avait pas été mentionnée. Or, dans les codes du Moyen-Age, on trouve fréquemment, au lieu du mot *causa*, l'abréviation *cā*. Des copistes maladroits crurent voir sans doute dans la syllabe *cā* l'abréviation du mot *carta* et l'on arriva à la rédaction à peu près incompréhensible « *benchè non fosse expressa la carta del debito* ». Eh bien, ce texte fautif se retrouve précisément à la fois dans les statuts de Crémone (2), de Brescia (3), de Crème (4), postérieurs à ceux de Monza!

L'on peut voir par ce simple exemple jusqu'où les *emendatori* poussaient l'esprit d'imitation et par conséquent dans quelle large mesure ils travaillèrent à introduire dans toutes les villes de la Péninsule le même droit commercial.

SECTION V. — **Résumé.**

Successivement nos recherches ont porté sur l'origine des juridictions commerciales italiennes, sur leur organisation, sur la procédure et le droit qu'elles avaient coutume de suivre. Il est temps de nous résumer.

(1) Monza, *Stat. merc.*, 1331, 11, 32.
(2) Crémone, *Stat. merc.*, 1388, 107.
(3) Brescia, *Stat. merc.*, 1429, 126.
(4) Crème, *Stat. merc.*, 1454, 107.

Les tribunaux mercantiles, en Italie, ont pris naissance au sein des corporations. Favorisés au cours de leur développement par l'éclosion des libertés municipales, ils ont, d'ordinaire à l'occasion de la suppression des représailles, perdu leur caractère privé. Pourvus dès lors d'une compétence générale, ils prirent rang parmi les institutions officielles. En dépit de cette transformation, leur composition continua à demeurer ce qu'elle était : les marchands gardèrent leur situation prépondérante. Ils usèrent de leur influence et de l'appui qu'ils trouvaient auprès des papes pour introduire une procédure sommaire, d'où les formalités inutiles étaient bannies et qui, grâce à sa simplicité, cadrait admirablement avec la rapidité des relations commerciales. Enfin, petit à petit, ils modifièrent jusqu'au fond du droit et ils réussirent à se confectionner une législation particulière, dont les règles furent d'autant plus heureuses qu'elles résultaient d'une sélection opérée par des gens experts parmi les statuts les plus réputés.

CHAPITRE II

LES TRIBUNAUX DE COMMERCE ITALIENS EN DEHORS DE L'ITALIE.

Au Moyen-Age, les Italiens prenaient au trafic international une part tellement considérable, ils abandonnaient leur pays si volontiers et pour des périodes si longues, qu'il n'est pas rare de voir leurs institutions émigrer avec eux.

Il arrivait parfois que ces institutions, en quittant leur lieu d'origine, se modifiaient, se transformaient. C'est le cas des tribunaux de commerce importés au loin par les armateurs des grandes cités maritimes telles que Gênes, Pise et Venise.

Comme complément au chapitre précédent, nous avons donc à fournir quelques explications sur l'organisation judiciaire des marchands italiens à l'étranger.

Suivant les lieux, trois (1) catégories différentes de magistrats s'occupaient de leurs litiges : les *consules missi*, les *consules electi*, enfin les *consules hospites*.

(1) A la rigueur, on pourrait parler d'une quatrième catégorie dans laquelle on rangerait les consuls de voyage ou consuls sur mer nommés au début d'une expédition maritime pour suivre et accompagner le navire durant sa traversée. Les statuts d'Ancône (voir Pardessus, *Lois maritimes*, V, p. 156) nous fournissent sur ces magistrats les détails suivants : « Les consuls d'Ancône nommeront avant qu'un navire européen commence un voyage hors du golfe un consul pris parmi les marchands qui sont sur le navire, les plus probes et les plus capables... Ledit consul et les marchands d'Ancône qui seront présents nommeront deux marchands entre eux qui seront et devront être conseillers dudit consul, et, avec le conseil de ces deux personnes ou d'une d'entre elles, le consul pourra et devra juger et décider les contestations qui seront portées devant lui. » D'autre

Quand l'une des puissances commerçantes avait obtenu la concession d'un quartier dans une ville quelconque, il fallait qu'elle désignât des fonctionnaires pour veiller sur l'administration de la nouvelle colonie, y rendre la justice, la défendre contre les empiétements des voisins. Le plus important de ces fonctionnaires était le *consul missus*.

Le *consul missus* était nommé par l'État parmi ses propres sujets après entente préalable avec le souverain du territoire où il se rendait.

Ses attributions étaient naturellement variables puisqu'elles dépendaient des conventions et traités conclus. En général, elles étaient fort étendues et présentaient la plus grande diversité. Ainsi, à Caffa, le principal des établissements génois sur la Mer Noire, le consul réglait toutes les affaires de la commune, il en gérait les biens, il établissait les impôts ; à côté de cela, il statuait sommairement sur toutes les causes qui lui étaient soumises (1). On le voit, les *consules missi* étaient loin d'être de purs magistrats commerciaux.

Il faut noter cependant que si leur rôle administratif et politique était quelquefois effacé, jamais ils n'étaient privés du droit de juridiction sur leurs compatriotes. Ceux-ci étant pour la plupart des marchands, il en résulte que les *consules missi* nous apparaissent avant tout et surtout comme des juges de commerce.

A plusieurs égards le *consul electus* se séparait du *consul missus*.

D'abord ce n'était point la mère-patrie, mais les marchands mêmes de la colonie qui le nommaient.

part, on lit dans un article de M. Louis Blancard (Bibl. de l'École des Chartes, 4e série, III, 436) : « Les consuls sur mer pouvaient connaître de toutes contestations entre marchands pendant la traversée, les juger et faire exécuter leurs jugements, soit immédiatement, après avoir pris l'avis des conseillers, soit à leur retour de voyage.... »

(1) Cf. Pardessus, *Lois marit.*, IV, pp. 429 et 430.

Il n'était point nécessaire d'autre part pour en obtenir un, que la colonie fût importante. D'après le statut de Pise (1), dès que cinq marchands se trouvaient réunis, ils pouvaient se choisir un consul. On se montrait ordinairement plus exigeant quand il s'agissait de pourvoir des nationaux expatriés d'un *consul missus*. Par suite les grandes colonies possédaient le plus souvent des *consules missi*, tandis que les petites n'avaient que des *consules electi*.

Ajoutons que l'installation des *consules electi* ne constituant pas un empiètement grave sur les prérogatives du souverain étranger, il était rare qu'elle fût précédée d'un traité. De là venait que l'existence des *consules electi* n'avait point d'habitude un caractère officiel nettement accusé. Chefs de communautés marchandes, mais non représentants du pays d'où ils avaient émigré, ils surveillaient les intérêts particuliers des commerçants de leur nationalité qui résidaient dans la localité et, comme les premiers *consules mercatorum*, au XIIe siècle, ils jugeaient les litiges survenus entre leurs confrères bien moins à titre de fonctionnaires qu'en vertu d'un mandat général donné d'avance avant toute contestation.

La troisième forme du consulat italien à l'étranger, en même temps qu'elle est la plus complexe, est de beaucoup la plus curieuse. Le rôle du *consul hospes* est triple. Il est à la fois *hospes, defensor et protector, rector et judex*.

En temps qu'*hospes*, il est obligé d'assurer à tous les citoyens de la ville à laquelle il a prêté serment, l'abri nécessaire pour leurs personnes et il est tenu de faciliter le placement de leurs marchandises.

Comme *defensor et protector*, il a sous sa garde les droits, les privilèges, les libertés de la collectivité qui l'a choisi, de même qu'il doit défendre individuellement chacun des membres de cette collectivité contre tout acte injuste

(1) *Breve communis*, rubrique 38.

et violent, quelles qu'en soient les raisons et les circonstances.

Enfin, en sa qualité de *rector et judex*, il a le droit de maintenir dans la colonie l'ordre et la justice et il connaît en particulier de toutes les affaires qui touchent au commerce.

Si l'on ajoute que le *consul hospes* était sujet de l'État dans lequel séjournaient ses protégés, que ses fonctions, au lieu d'être annuelles, étaient permanentes, on voit que cette troisième forme du consulat, tout en présentant avec les deux précédentes des points communs, s'en distinguait cependant d'une manière sensible.

En revanche, elle offrait des ressemblances frappantes avec la proxénie grecque.

L'on sait quelles étaient les fonctions du proxène dans l'antiquité. Hôte et mandataire de tous les citoyens de l'État étranger dont il tenait son office, il leur fournissait, à l'occasion, un abri pour leur personne ainsi que pour leurs biens. Avaient-ils un procès, il les assistait devant les tribunaux et son autorité était assez puissante pour qu'on eût estimé nécessaire de prendre contre sa partialité certaines précautions spéciales. Ainsi on voit dans un traité de commerce conclu très anciennement entre deux petites villes de Locride que le proxène qui manquait de loyauté dans l'exercice de ses fonctions était frappé d'une amende double. De même, si les juges du tribunal des étrangers étaient en désaccord, le demandeur avait le droit de choisir des assesseurs supplémentaires parmi les premiers citoyens, excepté toutefois son hôte privé ou le proxène de sa patrie (1). D'après ces détails on peut juger combien la place occupée par le proxène était importante, combien son crédit était redoutable.

M. Schaube a très nettement déterminé les traits com-

(1) Röhl, *Inscr. græc. antiquissimæ*, p. 322.

muns au proxène et au *consul hospes* (1). Tous deux appartiennent non pas à l'État qui les nomme, mais à celui dans les frontières duquel ils exercent leurs fonctions ; leur situation repose « sur une relation d'un État avec une personne privée indépendamment de toute relation d'état à état, et en vertu d'un contrat de droit privé » ; leurs fonctions sont permanentes et non temporaires comme celles de la plupart des consuls. L'un et l'autre sont les hôtes des nationaux appartenant à l'État qui les a choisis ; l'un et l'autre interviennent en faveur de leurs protégés dans le cas où les autorités auprès desquelles ils sont accrédités, cherchent à empiéter sur les privilèges concédés par traités.

La principale différence entre les deux institutions porte sur le point qui nous intéresse particulièrement, c'est-à-dire sur les attributions judiciaires. « Le proxène, dit M. Schaube (2), était le προστατης, le *patronus* de ses protégés devant toutes les autorités et devant le tribunal ; le *consul hospes* est lui-même le juge des sujets qui lui sont recommandés ; la ville qui l'a nommé lui a conféré la juridiction (que sinon elle conserverait elle-même sur ses sujets) ; la ville dans laquelle il exerce ses fonctions en a autorisé l'exercice sur son territoire, en reconnaissance du principe du droit personnel et aussi parce que le juge dépendait d'elle comme citoyen et, comme tel, devait se trouver dans des relations étroites de soumission vis-à-vis du gouvernement local ». Ainsi, dans le règlement des procès entre ressortissants, tandis que le proxène était un simple protecteur, le *consul hospes* jouait le rôle de magistrat.

Nous attribuons à ce double fait une grande importance au point de vue du développement du droit commercial. N'étant jamais juge, le proxène ne pouvait avoir et n'eut

(1) Cf. *Revue de Droit international et de législation comparée*. Tome XXVIII, 1896, nº 5, pp. 531 et suiv.

(2) *Revue de Droit international*, p. 532.

jamais effectivement qu'une influence des plus minimes sur la législation en vigueur là où il se trouvait. Au contraire, à notre avis, le *consul hospes* a contribué dans une large mesure à généraliser l'application des principes juridiques reconnus par l'État dont il représentait les citoyens. Servant en quelque sorte de trait d'union entre deux nations, il a puissamment travaillé, croyons-nous, au rayonnement des coutumes adoptées par le pays qui l'avait choisi comme mandataire.

En veut-on un indice? Qu'on compare le célèbre code de Pise, le *Constitutum usus* avec les statuts de Marseille. Que d'articles similaires (1), que de dispositions analogues dans ces deux recueils de lois! Evidemment ceux qui ont élaboré le second se sont inspirés du premier, évidemment une partie des dispositions du droit commercial pisan ont été purement et simplement transportées dans la législation marseillaise. Or le statut définitif de Marseille est de la seconde moitié du XIIIe siècle. Au moment où il fut rédigé, Pise avait un *consul hospes* à Marseille, puisqu'en 1322, dans le protocole d'un débat au sein du Conseil d'État pisan, on parle de ce *consul hospes* comme d'une institution déjà ancienne (2). Est-ce une simple coïncidence si l'on constate que le droit commercial marseillais a subi l'influence pisane, alors que seule (3) peut-être de toutes les villes italiennes, Pise possédait à Marseille un *consul hospes*? Quant à nous, nous inclinons à penser qu'il y a là un rapport de cause à effet.

Même en admettant, ce qui n'est pas notre opinion, que l'institution des *consules hospites* n'ait nullement facilité l'infiltration lente des principes du droit commercial ita-

(1) Cf. à ce sujet le *Handbuch des Seerechts* de Rudolf Wagner. Leipzig, 1884, I, p. 39.

(2) Cf. Schaube, *op. cit.*, p. 536.

(3) Aucun document n'indique qu'il y ait eu à Marseille d'autres *consules hospites* que ceux de la ville de Pise.

lien dans les législations étrangères, cette forme du consulat ne mériterait pas moins de retenir notre attention vu son influence pour la propagation des tribunaux mercantiles.

Comme M. Schaube (1) l'a fort bien remarqué « l'empiétement que cause la juridiction consulaire dans la juridiction territoriale perd de son importance quand cette juridiction appartient à un sujet du territoire même sur lequel elle est exercée. » Les *consules missi* et les *consules electi* auraient eu sans doute quelque peine à s'implanter en grand nombre dans les pays où le souverain, étant très fort, avait les moyens de s'opposer à ce que l'on portât la moindre atteinte à ses prérogatives naturelles, dont le droit de justice faisait partie. Remarquons du reste que si on les toléra couramment en Syrie, en Crimée, à Tripoli, c'est-à-dire dans des contrées presque barbares (2), dans l'ouest de l'Europe, ils furent toujours assez clairsemés. Grâce à l'idée qu'eurent les villes italiennes (3) de confier parfois les fonctions de juge des marchands à des étrangers, ceux de leurs négociant squi s'expatriaient, possédèrent au contraire de bonne heure le privilège d'être jugés par des magistrats spéciaux dans un certain nombre de grands centres, même en France, en Espagne et en Angleterre.

L'institution des *consules hospites* réussit d'autant plus facilement à se propager qu'elle avait pour base, ce qui ne se trouve presque jamais lorsqu'il s'agit de *consules*

(1) Schaube, *op. cit.*, p. 553.

(2) Gênes eut des consuls à Antioche en 1098, à Jaffa, Césarée, Saint-Jean d'Acre, en 1105, à Tripoli, en 1100, à Laodicée, en 1108. Pise obtint la même faculté dans les principales villes du Levant en 1105. Venise entretint des consuls à Jaffa à partir de 1099, à Jérusalem, dès 1111, à Antioche, dès 1167, à Beyrouth, dès 1221.

(3) Nous adoptons ici l'opinion de M. Schaube qui, tout en constatant la ressemblance du proxène et du *consul hospes*, n'admet pas l'existence d'un véritable enchaînement historique reliant les deux institutions.

electi ou de *consules missi*, l'égalité, la réciprocité de traitement entre les États.

A la fin du XIIIe siècle, Marchensis de Ulmo, un marseillais, est *consul hospes* des Pisans à Marseille, mais en revanche, au même moment, un notable pisan, qui appartenait à la famille des Sismondi, occupait le consulat marseillais à Pise (1).

De même, vers le milieu du XVe siècle, tandis qu'un florentin, probablement Cosimo de Médici, tranche les procès des marchands catalans de Pise tombée à cette époque sous la domination de Florence, la charge de consul de cette dernière ville à Barcelone est confiée à Piero Grao, un négociant catalan. On pourrait multiplier les exemples.

A l'empiétement résultant de l'envoi d'un *consul hospes* en correspondait toujours un autre, exactement semblable, qui en était l'équivalent, la compensation. Loin de rien perdre à l'admission de telles pratiques, les cités de l'Italie et des autres pays assuraient par ce moyen à leurs commerçants une justice plus rapide, plus sûre, mieux appropriée à leurs besoins.

En somme, quand on examine l'organisation judiciaire des colonies de marchands italiens au Moyen-Age, on trouve que les divers régimes qu'ils avaient su établir étaient assez perfectionnés pour l'époque à laquelle ils fonctionnaient.

La variété des formes du consulat lui permettait de s'acclimater à peu près partout, de vivre chez les peuples les plus policés comme chez ceux où la civilisation avait le moins pénétré, de grandir au sein des agglomérations de marchands les plus faibles comme là où existaient les plus puissantes confréries.

Missus ou *electus*, *electus* ou *hospes*, le consul italien

(1) Cf. Schaube, *op. cit.*, p. 537.

épargnait aux commerçants venus de la métropole les vexations des magistrats étrangers, les bizarreries souvent injustes des législations exotiques. Se conformant aux usages de la mère-patrie, avec laquelle il était généralement en rapports suivis, il s'inspirait des principes d'équité, il réglait toutes les affaires avec promptitude, de telle manière que les plaideurs, du moins quand c'étaient deux colons de la même cité, pussent presque se croire encore régis par la justice de leur pays d'origine.

N'est-ce pas là un beau résultat pour un temps où le droit était si variable, où les questions les plus simples donnaient lieu à une foule de solutions contradictoires, parmi lesquelles chaque cité choisissait la sienne en s'inspirant d'habitude non pas du désir de ne léser personne, mais simplement de ses intérêts financiers, religieux ou politiques !

DEUXIÈME PARTIE

LES JURIDICTIONS COMMERCIALES ALLEMANDES

CHAPITRE PREMIER

LES TRIBUNAUX SÉDENTAIRES DE L'INTÉRIEUR DE L'ALLEMAGNE.

L'état commercial de l'Allemagne vers le milieu du Moyen-Age était fort différent de celui de l'Italie. Alors que les habitants des cités maritimes de la Péninsule, non contents d'accaparer le trafic national, allaient au loin échanger leurs marchandises contre les produits exotiques, le commerce allemand au VIIIe et au IXe siècle était avant tout un commerce d'importation. La Hanse n'était pas encore née et la plus grande partie des approvisionnements se faisait dans les villes du sud, celles de Bavière en particulier, où se rendaient à certaines époques fixes les marchands de la Lombardie et du Tyrol. L'absence de florissantes corporations mercantiles, la faiblesse et la difficulté des transactions auxquelles les nationaux ne participaient guère, devaient nécessairement avoir leur contre-coup sur la marche progressive du droit et spécialement sur le développement des juridictions commerciales.

Nous avons vu, en Italie, les associations de marchands, les *collegia* s'emparer du pouvoir politique et, par voie de conséquence, accaparer à leur profit l'administration de la justice. En Allemagne, la situation précaire de la classe commerçante rendait pareille chose impossible. Aussi les premiers avantages dont jouirent les marchands, furent-ils des avantages concédés et non des avantages conquis et, tandis que l'idée de liberté est à la base des juridictions commerciales italiennes, les juridictions commerciales allemandes sont avant tout fondées sur une idée de protection.

Le respect de la personne et des biens du marchand remonte en Allemagne à une époque très reculée. Absorbés par le métier des armes et fort peu enclins aux travaux de la paix, les Germains, tributaires pour le commerce, des Romains, des Gaulois et des Syriens (1), avaient vite renoncé au préjugé courant d'après lequel tout étranger était un ennemi. Sous la domination des rois carolingiens, les traditions d'hospitalité depuis longtemps en honneur continuèrent à s'affermir. D'après les conceptions germaniques, le roi était le gardien attitré de la paix publique (2), le soutien des faibles, des opprimés ; à lui revenait le soin de veiller au respect du droit.

Quand les grands marchés s'établirent, les empereurs allemands se montrèrent d'autant plus soucieux de remplir la mission protectrice qui leur était dévolue en vertu des anciens usages, que leurs intérêts et leurs devoirs se trouvaient liés. Au Moyen-Age, pas de foire prospère sans bonne police. Or, de la prospérité d'une foire dépendait souvent l'avenir d'une région. Sohm a même été jusqu'à prétendre que rien n'avait plus contribué à la multiplication des cités que les réunions périodiques des mar-

(1) Cf. Falke, *Geschichte des deutschen Handels*, 1e partie, p. 37.
(2) Cf. Lehmann, *der Königsfriede Nordgermanen*, p. 34.

chands (1). Cette opinion n'est peut-être pas exempte de quelque exagération. Sans la discuter, nous constaterons toutefois que les empereurs sentirent vivement la nécessité d'encourager le trafic et qu'ainsi ils furent amenés à se préoccuper des mesures propres à attirer les étrangers et à inspirer aux nationaux le goût du négoce.

Ce qui contrariait surtout les relations des marchands, c'étaient les vexations, les violences dont ils étaient les victimes en cours de route, l'insécurité dans laquelle ils vivaient, même une fois qu'ils avaient atteint le but de leur voyage. Ces maux entravaient l'essor du commerce. A partir du Xe siècle, ils furent sensiblement atténués par l'établissement de la paix du marché que sanctionna le ban royal. Désormais, des peines rigoureuses frappèrent ceux qui fournissaient aux marchands de justes sujets de plainte. Le marchand, pendant toute la durée de son voyage et en particulier dans les endroits où il s'arrêtait, où il achetait et vendait, devint l'homme du roi. Qui causait un préjudice au marchand, par cela même offensait le roi, portait atteinte à la majesté royale. Là où les marchands établissaient leurs boutiques, le souverain était réputé présent et, afin de bien marquer que c'était lui qui garantissait la tranquillité du marché, l'usage s'était introduit de clouer à l'entrée des maisons habitées par les marchands un gant et une croix (2).

Ayant assumé la tâche de maintenir l'ordre et la paix sur la place du marché, les empereurs furent par cela même amenés à examiner les conditions dans lesquelles se réglaient les litiges forains, à se préoccuper de la situation juridique de ceux qui se livraient au commerce.

Cette situation, à l'origine, n'était rien moins que bril-

(1) Cf. Sohm, *Die Enstehung des deutschen Städtevesens* et Silberschmidt, *op. cit.*, p. 24.

(2) Cf., à propos de la paix du marché, Doren, *Untersuchungen zur Geschichte Kaufmannsgilden im Mittelalter*, p. 28, et Silberschmidt, *die Enstehung des deutschen Handelsgerichts*, p. 24.

lante. Aucun juge spécial pour les négociants. Les procès commerciaux, pas plus que les procès ordinaires, n'échappaient à la procédure du duel judiciaire qui, on le comprend, ne convenait guère à des gens de mœurs plutôt pacifiques. Les moindres affaires, celles même où l'intérêt en jeu ne dépassait pas quelques livres, étaient promenées de juridiction en juridiction et de longs mois s'écoulaient d'ordinaire avant que la décision fût rendue.

Les souverains allemands comprirent qu'il convenait de mettre un terme à un tel état de choses et c'est ainsi que petit à petit il se constitua, grâce à leur concours bienveillant, un droit spécial aux négociants ayant pour base, outre la paix du roi et l'exonération des marchandises quand elles franchissaient les lignes de péages (1), l'atténuation des peines corporelles, l'abolition du duel (2), la simplification des formalités et l'amélioration de la procédure.

Il est incontestable que si ce droit primitif avait été appliqué à la classe des commerçants exclusivement par des gens étrangers à cette classe, non-seulement il n'aurait guère été susceptible de perfectionnements, mais encore il aurait couru de gros risques d'être mal suivi, peut-être même à la longue d'être dénaturé. Il était donc à la fois fatal et nécessaire que les empereurs permîssent et facilitassent aux marchands de participer à l'administration de la justice.

Maintenant comment introduire l'élément commercial dans l'organisation judiciaire et surtout dans quelle mesure l'y introduire ? C'étaient là des questions délicates. D'une part les artisans ne formaient pas en Allemagne des corps puissants comme en Italie ; s'il y avait dans les villes quelques communautés, aucun lien n'existait entre elles,

(1) Cf. Gothein, *Wirtschaftsgeschichte des Schwarzwalds*, p. 10.
(2) Cf. Koehne, *Stadtverfassung*, p. 17.

aucune organisation supérieure analogue à celle de la *mercanzia* ne coordonnait leurs efforts. D'autre part, quoique fermement résolus à favoriser les négociants pour développer le commerce et rendre ainsi le pays plus prospère, plus propre à supporter les impôts (1), quoique désireux de soustraire une partie des basses classes de la population au joug des seigneurs et aux violences féodales, les empereurs entendaient ne pas donner trop d'indépendance à leurs protégés, de manière à conserver toujours la haute main sur les grandes villes dont le commerce faisait la puissance et la richesse. Pour ces deux causes, absence des fortes corporations, défiance instinctive des souverains qui voulaient bien encourager les marchands, mais non les émanciper, le développement des juridictions commerciales a été, en Allemagne, beaucoup plus tardif qu'en Italie et il a été aussi beaucoup plus lent.

Au début, c'est-à-dire, au XIe siècle, le tribunal mercantile nous apparaît comme une institution temporaire, dont la compétence n'embrassait même pas toujours l'ensemble des affaires commerciales. Ainsi le privilège concédé aux marchands de Quedlimbourg en 1040, stipule que « *de omnibus, quae ad cibaria pertinent, inter se judicent.* » A Quedlimbourg, la connaissance des conflits commerciaux n'appartenait donc aux négociants qu'au cas où ces conflits avaient pour objet les produits alimentaires. De même, le privilège d'Allensbach qui date de 1075, sans énumérer les affaires commerciales qui échappaient à la juridiction des marchands, indique bien néanmoins que

(1) Les préoccupations financières n'ont certainement pas été étrangères dans beaucoup de cas à l'établissement du ban royal. Nous en trouvons une preuve non équivoque dans les statuts de Gandersheim qui remontent à l'année 990 : « Ut firmius.... mercatus cum moneta et teloneo consistat, disent ces statuts, regium nostrum bannum illuc dedimus, ut omnis causa, quæcumque in eodem loco contra legem oborta fuerit per jussionem abbatissæ... nostro regio banno ad suas manus accipiendo emendetur et legaliter corrigatur. »

leur compétence était loin d'avoir un caractère général : « *Ipsi autem mercatores inter se vel alios nulla alia faciant judicia*, dit le privilège, *præterquam quae Constantiensibus Basiliensibus et omnibus mercatoribus ab antiquis temporibus sunt concessa.* »

Les restrictions afférentes à la compétence des premiers tribunaux mercantiles ne nous semblent pas avoir porté simplement sur la nature des procès engagés. Nous croyons que le lieu, les circonstances dans lesquelles était né le litige exerçaient une influence décisive pour la détermination de la juridiction appelée à le trancher. A l'appui de notre opinion, nous citerons un passage du privilège accordé par l'empereur Frédéric Ier aux marchands d'Aix-la-Chapelle, qui nous paraît décisif : « *Nullus mercator vel quælibet alia persona*, porte le privilège, *in his nundinis mercatorem in causâ ducat pro debito solvendo vel alio quolibet negotio quod ante nundinas perpetratum fuerit, sed si in nundinis aliquid perperam factum fuerit, in nundinis secundum justitiam emendetur* ». Que ressort-il de ce texte sinon que seules les affaires nées au cours des foires devaient être examinées par le tribunal des marchands ?

Mais les foires étaient séparées les unes des autres par des intervalles assez longs. Comme il est assez difficile de concevoir un tribunal sans litiges, nous sommes donc conduits à penser que, privées d'une compétence commerciale générale, les premières juridictions où figurèrent des marchands allemands ne possédaient pas non plus une existence permanente. C'étaient des tribunaux de foire, ce n'étaient pas à proprement parler de vrais tribunaux de commerce.

De ce que nous venons de refuser aux tribunaux spéciaux qui siégeaient les jours de marché la qualification de tribunaux de commerce, il ne faudrait cependant pas déduire qu'entre ceux-ci et ceux-là il n'existe aucun lien historique.

Le droit de marché a été l'embryon du droit commercial allemand ; c'est à l'occasion des affaires du marché que les négociants ont commencé à prendre part à l'administration de la justice et si, au XIIIe et au XIVe siècle, on les a jugés dignes d'entrer au conseil de ville et de remplir les fonctions d'échevin, c'est qu'ils avaient précédemment montré leur sagesse et leur habileté dans le poste moins relevé de magistrat des foires.

Autre point à noter : en beaucoup d'endroits, la ville ayant eu pour origine une église autour de laquelle se tenait un marché, du tribunal de marché est sorti le tribunal urbain. Cette circonstance, on le comprend, devait singulièrement faciliter l'admission des négociants dans ce dernier tribunal. Or, nous allons voir que c'est précisément à la suite d'une transformation du tribunal urbain, suivie d'un dédoublement, qu'est né le tribunal de commerce !

Comment cette transformation s'est-elle opérée ? Il faut distinguer trois phases bien distinctes.

Dans la première, les marchands parviennent à l'échevinat. Au XIIIe siècle, les burgraves qui, dans les grandes villes soumises à l'autorité de l'empereur, rendaient la justice en son nom, depuis longtemps déjà ne suffisaient plus à leur tâche (1). Comme les *consules de communi* des cités italiennes, ils cumulaient les fonctions les plus variées : gouvernement, administration, justice, tout relevait d'eux. Aussi leur insuffisance s'accusait-elle chaque jour davantage. Tant qu'ils se montrèrent fidèles et loyaux serviteurs du pouvoir central, on ne songea guère à restreindre leurs attributions. Mais l'époque du Grand Interrègne arriva. En l'absence d'un maître redouté, leurs trahisons devinrent fréquentes. Il fallut dès lors songer à se prémunir contre les écarts de ces hauts fonctionnaires vraiment trop

(1) Silberschmidt, *op. cit.*, p. 34. Nous empruntons à cet auteur la comparaison qu'il établit entre les burgraves à la fin du XIIe siècle et les *consules de communi* italiens.

indisciplinés. Afin de posséder des alliés en cas de conflit, les empereurs redoublèrent de faveurs envers la classe commerçante. Ils se souvinrent des services rendus par les magistrats mercantiles quand se tenaient les grandes foires et c'est ainsi qu'à côté du *schultheist*, qui était le suppléant du burgrave, qui jugeait en son lieu et place, l'on vit surgir un conseil de ville et des échevins choisis parmi les bourgeois et pour la plupart adonnés au commerce (1).

Les échevins tout d'abord furent pour le *schultheist* de simples conseillers. Ils lui fournissaient des renseignements précieux sur les usages mercantiles qu'il connaissait mal ; ils l'aidaient dans sa besogne, mais sans jamais avoir le droit de lui imposer leur manière de voir. Au XIVe siècle, alors que s'ouvre la seconde phase de l'évolution que nous étudions, les fonctions des échevins changèrent notablement. Ayant réussi à introduire subrepticement dans le droit urbain quelques-uns des principes en honneur sur la place du marché, se sentant d'autre part les représentants naturels d'intérêts toujours plus considérables, ils commencèrent à rêver un rôle moins effacé. Ils avaient au tribunal la seconde place, ils ambitionnèrent la première (2). Jusque-là le *schultheist* avait eu le pas sur le conseil échevinal. Profitant des bonnes dispositions de l'empereur, les délégués des marchands, sous des prétextes divers, parvinrent à obtenir que le suppléant du burgrave, tout en restant chargé du soin de rendre la sentence, fût obligé de se conformer à leur avis. Ils assumèrent ainsi un rôle quelque peu analogue à celui de nos jurés de cour d'assises qui ne prononcent point le jugement, mais qui en déterminent seuls les grandes lignes. La mise

(1) A Nuremberg la nomination des premiers échevins remonte à 1256. Cf. Silberschmidt, *op. cit.*, p. 34.

(2) En ce qui concerne spécialement Nuremberg, voyez dans Silberschmidt, *op. cit.*, p. 35, comment le *schultheist* est passé au second plan.

en pratique d'un tel régime équivalait, on le comprend, à la prise de possession du tribunal urbain par l'élément mercantile.

Dès lors, il est facile de prévoir ce qui va se passer dans la troisième phase. Accaparé par les marchands, le tribunal urbain, chaque fois qu'il aura à examiner des affaires commerciales, va suivre des formes judiciaires d'un caractère particulier, plus brèves, plus simples que celles usitées dans les procès ordinaires. Non content de réserver à ces affaires un traitement de faveur tant qu'elles sont devant lui, il cherchera à les soustraire aux longueurs de l'appel et de l'évocation. Puis, toujours dans le but de favoriser le commerce, des juges professionnels seront spécialement affectés, au sein du tribunal urbain, à la connaissance des litiges mercantiles. Enfin, une séparation officielle se produira et la juridiction commerciale sera constituée.

En ce qui concerne la première et la seconde des phases que nous venons de distinguer, il n'y a pas de détails à donner. L'arrivée des marchands à l'échevinat, leur triomphe sur le *schultheist* sont des faits historiques qui n'appellent aucun commentaire, aucune explication juridique. Au contraire la troisième phase mérite d'être examinée d'une manière approfondie, d'abord parce qu'elle n'est pas exempte d'incidents, qui compliquent l'évolution dont nous avons fourni un aperçu sommaire, ensuite, parce que, tandis qu'elle s'écoule, il s'élève parfois, à côté des tribunaux urbains, des institutions passagères qui, les unes ont retardé, les autres ont précipité la formation définitive du tribunal de commerce allemand.

Au début du XIVe siècle, on perçoit déjà très nettement dans le tribunal urbain l'influence mercantile. Certaines causes qui relèvent de ce tribunal sont réglées avec une rapidité vraiment surprenante, certaines affaires sont liquidées suivant des méthodes que nos juges consulaires actuels ne désavoueraient point.

Le souci de rendre la justice prompte est surtout manifeste dans les procès auxquels sont mêlés des marchands étrangers. L'étranger, qui souvent franchissait de très grandes distances et qui était généralement inconnu dans la cité où il venait trafiquer, aurait été fort gêné, s'il lui avait fallu accomplir un nouveau voyage uniquement pour mettre fin à un procès laissé en suspens (1). Au temps où la justice des bourgeois n'avait pas supplanté la justice seigneuriale, les affaires des étrangers passaient déjà avant celles des courtisans, quelquefois avant celles des veuves, des orphelins et des femmes. Les tribunaux urbains veillèrent encore avec plus de soin que les juridictions féodales à ce que la loi fût rapidement appliquée. Lorsque la cause roulait sur un chiffre minime (2) et que le bourgeois contre lequel l'étranger recourait, ne comparaissait pas devant le tribunal ou qu'il était condamné après une discussion contradictoire, l'exécution immédiate sur la personne et les biens était ordonnée. Une dette avait-elle été mensongèrement niée, le perdant avait à payer jusqu'aux frais d'auberge de l'étranger dont il avait différé le départ (3).

De même qu'on accordait aux étrangers certains avantages, on se préservait de leur mauvaise foi au moyen de certaines précautions particulières. Comme il y avait à redouter qu'ils se dérobassent à leurs engagements par une fuite précipitée, les habitants de la ville, du moins quand ils agissaient contre eux en vue de faire valoir des droits non litigieux, n'avaient pas besoin de l'autorisation habituellement obligatoire du bourgmestre ou du conseil de la ville pour procéder à la saisie. Celle-ci s'effectuait soit sans aucune permission préalable, soit après avertissement donné à des magistrats spéciaux tels que les

(1) Cf. Silberschmidt, *op. cit.*, p.31.
(2) A Nuremberg, il était fixé à trente-deux florins.
(3) Cf. Silberschmidt, *op. cit.*, p. 37.

Fronboten (1) de Nuremberg, qui se contentaient de vérifier si l'on se trouvait bien dans l'hypothèse prévue par la loi.

A ces deux cas de justice accélérée qui regardaient exclusivement les étrangers, il convient d'en ajouter un troisième, qui ne leur était point spécial. Quelle que fût la nationalité des parties, dans les poursuites pour dettes reconnues par écrit, il n'y avait jamais lieu à appel et, au bout d'un bref délai qui courait même les jours fériés, le débiteur, au cas où il n'avait pas satisfait son créancier, encourait la peine de l'emprisonnement (2).

On le voit, à l'origine, c'est en accélérant la procédure que les tribunaux urbains tendent petit à petit à engendrer les tribunaux mercantiles. Dans les premières années du XIVe siècle, on trouve une foule de cités où, bien que la composition du tribunal admette des éléments étrangers au négoce, bien que la compétence ne soit pas limitée aux affaires commerciales, l'on devine déjà, grâce à quelques formes abrégées, qu'une juridiction spéciale aux marchands est à l'état de formation. La *cognitio extraordinaria* qui appartient en certaines occasions au bourgmestre, la promptitude avec laquelle certaines causes sont examinées sont des signes non équivoques de la transformation qui s'opère insensiblement. Le phénomène s'observe nettement par exemple à Augsbourg, à Straubing, à Francfort, à Landshut (3), d'une manière générale dans les villes où le trafic est particulièrement actif.

Vers la fin du XIVe siècle, on est surpris de constater que le mouvement qui s'était manifesté en faveur d'une procédure de plus en plus rapide, subit un brusque temps d'ar-

(1) Les *Fronboten* existent dès le XIIIe siècle, mais ils ne constituent un tribunal qu'au XVe. Cf. Silberschmidt, *op. cit.*, pp. 45 et 46 et Scheurl, *Brief an Staupitz*, ch. XXIII.

(2) Cf. Silberschmidt, *op. cit.*, p. 38.

(3) Cf. Silberschmidt, *op. cit.*, p. 39, n. 4.

rêt. L'apparition des tribunaux de commerce qui paraissait prochaine serait-elle définitivement ajournée ? L'on aurait presque la tentation de le croire, tant la marche du procès, dans le court espace de cinquante ans, s'est allongée et alourdie.

Ainsi en particulier à Nuremberg, nous voyons que dans les moindres causes un triple délai de quatorze jours était d'abord accordé aux plaideurs pour soulever les exceptions auxquelles ils croyaient utile de recourir, pour rédiger les répliques à ces exceptions, enfin pour produire des dupliques et même des tripliques. Ce délai écoulé, le juge examinait le libelle que lui remettait le demandeur et les défenses par lesquelles l'adversaire y répondait. Un nouveau laps de temps égal à celui que nous avons déjà trouvé, était ensuite accordé aux parties, afin qu'elles pussent développer les diverses articulations de leurs mémoires respectifs avec pièces et témoins à l'appui. Après ces longs débats, un supplément d'enquête pouvait encore être demandé par le défendeur (1).

Comment expliquer, surtout en matière commerciale, l'introduction d'une procédure aussi interminable ? La responsabilité doit en être tout entière attribuée aux juristes.

Vers l'année 1350, commence en Allemagne la renaissance du droit romain. Les étudiants se rendaient alors en foule dans les universités italiennes, où l'on dissertait avec enthousiasme sur les textes de l'ancienne Rome. Ils en notaient soigneusement les principes, les tendances et, après avoir repassé les Alpes, les plus brillants d'entre eux ne manquaient pas d'utiliser leurs fonctions soit de professeurs dans les écoles supérieures, soit de conseillers ou de diplomates au service de l'empereur ou des villes, pour faire triompher ce qu'ils avaient admiré (2).

(1) Cf. Scheurl, *De judiciis*, ch. II, p. 22.

(2) Cf. Stobbe, *Geschichte der deutschen Rechtsquellen. Erste Abteilung*, pp. 610 et suiv.

La vogue des juristes devint bientôt telle que chaque cité voulut avoir les siens. Il se forma ainsi un peu partout des corps spéciaux que les Allemands appellent aujourd'hui « *Konsulentenkollegia* » (1) et que nous désignerons sous le nom de « comités consultatifs ». Ces comités consultatifs étaient composés de gens versés dans la science du droit et pourvus pour la plupart du titre de docteur. D'ordinaire les membres du comité consultatif n'avaient pas accès dans le conseil de la ville, mais les choses se passaient en somme comme s'ils y avaient été admis. Quand le conseil avait à résoudre une difficulté juridique qui l'embarrassait, il déléguait deux conseillers à l'effet de se mettre en relation avec les docteurs, de solliciter leur avis, et de rédiger ensuite un rapport sur la solution du problème de droit qui se posait (2). Inutile de dire que l'opinion des *Konsulenten* prévalait à peu près toujours.

Jouissant d'un crédit considérable, les légistes, qui craignaient qu'à la longue on trouvât leur intervention inutile, s'employèrent à compliquer la procédure, de manière qu'on ne pût se passer d'eux. Sous prétexte d'introduire les perfectionnements que l'étude du droit romain leur suggérait, ils bouleversèrent ce qui existait et l'embrouillèrent à plaisir. La situation devint bientôt intolérable pour les marchands.

Jusque-là et malgré les défectuosités des tribunaux ordinaires, ils n'avaient pas élevé la voix, ils s'étaient contentés de travailler silencieusement et comme à la dérobée à l'amélioration des règles suivies par ces tribunaux. Lorsque le progrès du trafic fut mis en péril par les atermoiements de la justice, la classe commerçante changea d'attitude. Elle employa ouvertement tout ce qu'elle avait de crédit à contrebalancer la fâcheuse influence des juristes.

(1) Cf. Silberschmidt, *op. cit.*, p. 40.
(2) Cf. Silberschmidt, *op. cit.*, p. 40.

Elle tenta de nombreuses démarches auprès des empereurs, afin que ceux-ci lui accordassent des magistrats spéciaux ou que tout au moins ils intervinssent dans le but de simplifier en matière commerciale la procédure des tribunaux de droit commun.

Sans doute l'on constate en Allemagne, même avant l'invasion du droit romain et des légistes, quelques tendances à la création de juridictions purement mercantiles, mais, selon nous, ces tendances n'ont pris définitivement corps, elles n'ont commencé à s'accentuer que du jour où les juges ordinaires sacrifièrent au formalisme. Ce jour-là, les négociants s'aperçurent que la procédure ordinaire corrompue par l'esprit nouveau, n'était plus guère susceptible de commercialisation et la séparation du droit civil et du droit commercial, des magistrats qui appliquaient l'un et des magistrats qui appliquaient l'autre, commença aussitôt.

L'action de l'élément mercantile sur l'organisation de la justice allemande s'est exercée de plusieurs façons très différentes. Nous verrons tour à tour les divers procédés employés par les marchands en vue d'échapper aux défauts et aux incommodités des tribunaux ordinaires, mais avant d'entrer dans le détail de ces procédés, qui se complètent les uns les autres, nous tenons à faire une remarque générale. Nous avons observé que c'était avant tout sur la procédure que les juristes avaient exercé leur influence ; c'est aussi principalement sur la procédure que porteront les efforts des marchands.

Il y a là une particularité qui confirme ce que nous avancions précédemment, à savoir que les premiers tribunaux de commerce sont nés à la suite d'une réaction contre l'influence des juristes. Sans l'importation du droit romain qui supplanta un instant le vieux droit germanique, il est probable que les juridictions de droit commun auraient continué à montrer un esprit relativement large, à employer, au moins dans certains cas, la procédure orale, si courante autrefois chez les Barbares, et l'apparition des tribunaux de commerce aurait été de la sorte reportée singulièrement loin. Elle fut précipitée au contraire par le trouble et l'insécurité que jetaient dans les relations entre marchands les longueurs judiciaires.

Dès la seconde moitié du XIVe siècle, on observe que les négociants commencent à tenter des réformes. Elles sont timides d'abord et leurs auteurs s'appliquent surtout à développer ce qu'ils trouvent de bon et d'utile dans ce qui existait déjà.

Nous avons eu l'occasion de dire précédemment que le bourgmestre avait parfois une *cognitio extraordinaria* (1), c'est-à-dire que certains litiges, échappant à la juridiction urbaine, lui revenaient. Le bourgmestre étant beaucoup moins surchargé que le tribunal de la ville, ne faisait pas d'ordinaire attendre trop longtemps sa sentence aux parties. De plus il appartenait souvent à la classe des marchands ; il était donc rare qu'au lieu de s'inspirer des nécessités du commerce, il suivît les errements des juristes. Enfin sa procédure se rapprochait beaucoup de la procédure germanique : les délais fixés pour les diverses formalités étaient très courts, les explications des plaideurs devaient être fournies brièvement et les notes écrites n'étaient point admises.

Une pareille manière de régler les affaires convenait évidemment beaucoup mieux aux négociants que celle adoptée par les tribunaux ordinaires. Aussi vers 1400, nous trouvons la compétence exceptionnelle du bourgmestre beaucoup plus large qu'elle ne l'était cent ans auparavant. Il intervenait autrefois dans certaines questions concernant les étrangers et dans les litiges où le défendeur, sans contester l'existence de l'obligation qu'il avait contractée, ne

(1) Cf. Silberschmidt, *op. cit.*, p. 38.

pouvait ou ne voulait s'exécuter (1). Nous constatons maintenant que fréquemment on lui attribue compétence « *in causis liquidis et executivis* » (2).

Qu'on observe combien cette formule est élastique, combien elle prête aux empiétements ! Elle embrasse à la rigueur tous les procès d'où les difficultés juridiques sont absentes, où il n'y a à trancher que des points de fait. Or, c'est uniquement sur des points de fait que portait au Moyen-Age la grande majorité des procès entre marchands. En augmentant la compétence du bourgmestre, on instituait donc en somme d'une façon détournée, une sorte de juridiction commerciale.

Afin d'échapper autant que possible aux juridictions de droit commun, les marchands ne se bornèrent pas à favoriser de leur influence l'extension des pouvoirs judiciaires conférés au premier magistrat de la ville. Là où les longueurs étaient le plus gênantes, c'était dans les procès de médiocre importance, que l'on hésitait souvent à entamer dans la crainte d'en retirer plus de soucis que de bénéfices et d'acquitter des frais supérieurs à la somme due par l'adversaire. Pour ces procès (3), nous voyons apparaître à la fin du XVe siècle des tribunaux spéciaux tels que celui des *Fronboten*, à Nuremberg, qui ne sont pas sans présenter quelques-uns des traits qui distinguent les juridictions commerciales. Ainsi la procédure était des plus rapides. Un registre (4) était à la disposition de ceux qui se croyaient lésés. Le demandeur y formulait ses griefs et ses réclamations. En même temps, il les résumait sur une feuille séparée, qui était adressée au défendeur et qui

(1) Voyez en ce qui concerne Nuremberg, Silberschmidt, *op. cit.*, pp. 38 et 44.

(2) Cf. Silberschmidt, *op. cit.*, p. 44.

(3) De cinq florins, la compétence des *Fronboten* monta progressivement jusqu'à cent cinquante florins. Cf. Silberschmidt; *op. cit.*, p. 46.

(4) Cf. Silberschmidt, *op. cit.*, p. 46.

tenait lieu d'assignation. Le défendeur, prévenu de cette manière, allait s'expliquer oralement devant le magistrat et la sentence intervenait immédiatement.

Nous le demandons, n'y a-t-il pas dans les règles observées par ces tribunaux quelques-uns des éléments, quelques-unes des bases qui serviront plus tard, quand on arrivera à doter les marchands de juridictions séparées? Qu'on le remarque, on n'hésite déjà plus à proscrire pour certains cas particuliers la procédure des magistrats de droit commun, à enlever au conseil de ville, chose encore plus grave, la connaissance de toute une catégorie de litiges. Ce sont là des précédents que les marchands ne manqueront pas de faire valoir, lorsqu'ils porteront à l'empereur leurs doléances.

Jusqu'ici toutefois, on ne peut à vrai dire, parler encore de tribunal de commerce puisque la qualité de marchand ne rentre point dans les conditions requises des plaideurs pour que les *Fronboten* ou le bourgmestre soient compétents. Mais au milieu du XVe siècle, la profession à laquelle se livrent les parties arrive elle-même à être prise en considération. Dès lors, nous rencontrons dans certaines villes, des tribunaux, des magistrats qui sont en réalité commerciaux, bien qu'on ne proclame pas encore officiellement que les litiges qui dérivent du trafic échappent d'une manière générale aux juges ordinaires.

Examinons par exemple ce qui se passait à Francfort (1). Sous les apparences d'un tribunal arbitral, nous rencontrons une véritable juridiction mercantile. Quand un procès s'élevait entre marchands, ils ne s'adressaient pas au conseil de la ville. Ils essayaient d'abord de recourir à une transaction. Puis, s'il était reconnu qu'on ne pouvait aboutir « *per modum compromissi* », on procédait « *per modum*

(1) Cf. à ce sujet Joh. Martin Vogt, *De cambiis*, thes. VIII ; Marquardus, *op. cit.*, p. 407 et Marperger, *Neueröffnetes Handelsgericht*, p. 39.

commissionis », on désignait un certain nombre de commissaires et on leur donnait mandat de vider le différend.

En quoi cela se distinguait-il d'un simple arbitrage, nous dira-t-on ? Le voici. Quelles que fussent les personnes prises pour juges, elles devaient observer des règles fixes qui s'écartaient sensiblement de celles du droit commun et qui n'étaient pas laissées à la volonté des parties. C'est ainsi que le nombre des exceptions, des répliques et des contre-répliques était limité. Les débats devaient être conduits « *absque strepitu judicii* ». Enfin, lorsque le différend soulevait des questions embarrassantes pour ceux qui avaient à examiner l'affaire, ils n'allaient point solliciter les conseils des juristes, ils se référaient aux décisions rendues précédemment dans des cas similaires, décisions qu'on conservait soigneusement et qui faisaient autorité en matière commerciale, comme jadis, à Rome, les réponses des prudents faisaient autorité en matière civile.

Un autre genre de juridiction mercantile à l'état déguisé, c'est le tribunal du comte de la hanse.

Le comte de la hanse dont nous parlerons d'une façon plus détaillée quand nous traiterons des tribunaux de commerce allemands à l'étranger et qui théoriquement et légalement ne devait statuer sur les contestations des marchands qu'au cas où elles avaient pris naissance en dehors de la ville qu'il représentait, ne se faisait pas faute, en bien des endroits, d'empiéter sur le conseil urbain avec la complicité des négociants, qui préféraient être jugés par lui. Profitant de ce que tous les marchands en gros ou en détail, même les gens que leur profession ne rattachait que fort indirectement au monde du commerce, étaient tenus d'assister aux assemblées générales de la hanse, il transformait ces assemblées en véritables audiences et constituait sans aucun droit un tribunal spécial pour les affaires se rapportant au trafic.

On trouve les preuves de l'existence d'un tel tribunal,

en particulier, à Ratisbonne. A maintes reprises nous voyons le *schultheist* de cette ville se plaindre de ce que les habitants « *ihre Streitigkeiten gern auf kaufmænnische Sachen hinauslaufen liessen, damit sie vor dem Hansgericht abgeurteilt würden* » (1), c'est-à-dire de ce qu'on dénature l'objet du litige, de ce qu'on commercialise le procès, afin qu'il soit tranché par le hansgrave. De son côté, von Freyberg cite le hansgrave parmi les tribunaux de Ratisbonne et il parle dans les termes suivants de sa compétence : « *So gehört daz in dy hanns, waz daz wasser an trifft und dy achs von verdientem lon und von Gesellchaft wegen und von Chaufmanschaft wegen...* » (2). Les affaires mercantiles et spécialement les affaires de société rentraient donc dans la compétence du hansgrave. Comme les soi-disant arbitres de Francfort, c'était donc en réalité un juge de commerce.

Revenons aux tribunaux urbains. Préparé, facilité par le succès d'institutions telles que celles que nous venons de décrire, leur dédoublement et par conséquent l'apparition officielle des tribunaux de commerce ne pouvait tarder.

Elle eut lieu au début du XVIe siècle. Un privilège accordé par l'empereur Maximilien Ier à Nuremberg, en 1508, nous montre qu'à cette date déjà il y avait en Allemagne des juridictions spéciales aux marchands qui étaient reconnues par les empereurs et que ces juridictions différaient beaucoup par leur organisation et leur procédure des tribunaux ordinaires, avec lesquelles elles conservaient cependant encore des liens étroits.

L'auteur de ce privilège commence par rappeler les plaintes des marchands. Il insiste sur les inconvénients multiples qui résultent pour eux des longueurs et des retards qu'ils ont à supporter, quand ils se présentent devant les magistrats de droit commun, afin de régler les difficul-

(1) Cf. Striedinger *in Verh.* Vol. 48, p. 64 et *ibid.*, 2e partie, pp. 102, 103.
(2) Cf. von Freyberg, *Samml. hist. Schriften und Urk.* 5e vol., p. 40.

tés provenant de vente, échange, règlement de compte ou liquidation de société. Reconnaissant ensuite qu'il importe de faire cesser au plus tôt les abus qui paralysent le trafic, le souverain établit en faveur des marchands trois principes (1), qui devront être rigoureusement observés chaque fois qu'un procès viendra à surgir entre eux.

Tout d'abord, les débats relatifs aux affaires mercantiles seront sommaires et leur durée sera limitée au minimum de temps nécessaire. Cette prescription est-elle le résultat d'un souvenir, d'une imitation de la décrétale du pape Clément V, parue en 1306 et dont nous avons déjà eu l'occasion de parler à propos de l'Italie ? Nous ne sommes pas éloigné de le croire. Au XVe siècle les relations étaient nombreuses entre la Basse-Allemagne et la Haute-Italie. Les commerçants de la Bavière et de la Souabe traversaient fréquemment les Alpes pour se rendre à Bolzano (2), à Trente, à Vérone et même à Gênes (3). Il est donc probable que petit à petit la procédure abrégée, en usage dans les villes de la Lombardie, a été connue des négociants allemands et que ceux-ci ont insisté auprès des autorités impériales, pour qu'elle fût introduite dans les tribunaux de leur propre pays.

Le deuxième principe posé dans le privilège de 1508 est en quelque sorte une conséquence, un développement du premier. Un litige n'est définitivement réglé que lorsque le jugement peut recevoir exécution. Or si la partie qui a succombé est, dans tous les cas, en mesure de retarder par des moyens dilatoires l'exécution de la sentence, comment la justice, quelque diligence qu'elle mette à discuter les prétentions émises, parviendra-t-elle à empêcher les affaires de traîner, de s'éterniser ? Voilà ce que comprend fort bien l'auteur du privilège et, afin qu'on ne recoure

(1) Cf. Silberschmidt, *op. cit.*, p. 59.
(2) Il y avait à Bolzano des foires très importantes.
(3) Cf. Pardessus, *op. cit.*, t. II, p. 103.

pas constamment à la chambre impériale (1), ce qui rendrait les dispositions prescrivant l'emploi d'une procédure rapide absolument vaines, il décide qu'en matière commerciale, seules les plus grosses affaires, celles où l'intérêt en jeu atteint ou dépasse six cents florins, seront susceptibles d'appel (2). En cas d'infraction à cette seconde partie de l'ordonnance, les plaideurs étaient frappés d'une peine de cinquante marks.

Le troisième principe de la charte délivrée aux négociants de Nuremberg est de beaucoup le plus important. L'empereur déclare que personne n'est habile à trancher les litiges qui divisent les marchands, si ce n'est les marchands eux-mêmes et il décide en conséquence qu'un certain nombre de personnes, recrutées parmi les commerçants du conseil de ville et désignées par lui, procèderont chaque jour à l'examen des procès mercantiles (3).

Ainsi nous trouvons à Nuremberg, en 1508, des juges-marchands ; ces juges-marchands statuent suivant une procédure sommaire et leurs jugements sont le plus souvent rendus en dernier ressort.

N'y a-t-il pas là, en abrégé, tous les caractères que l'on regarde aujourd'hui comme distinctifs des juridictions commerciales ? N'est-il pas légitime de s'appuyer sur la constitution de la juridiction mercantile de Nuremberg pour placer au début du XVIe siècle le moment où se dessine, en Allemagne, la forme des tribunaux de commerce modernes ?

(1) C'est à la chambre impériale que venaient en général les appels des conseils de ville.

(2) Le florin vaut à peu près 2 fr. 87. 600 florins équivalent à 1,720 francs. Mais si l'on tient compte de ce que l'argent était beaucoup plus rare et les denrées bien moins chères au Moyen-Age que de nos jours, on voit que le taux de l'appel fixé par le privilège de 1508 correspondrait en réalité actuellement à 3,000 francs environ, ce qui est une somme déjà élevée.

(3) Cf. Silberschmidt, *op. cit.*, p. 136.

Nous pensons que la réponse à ces questions ne saurait soulever de doute sérieux. Qu'on examine en effet le type des juridictions commerciales allemandes à une époque beaucoup plus récente, le tribunal de Leipzig. Les principes qui présidaient à l'organisation de ce tribunal ne différaient guère de ceux que nous venons de rencontrer.

A Leipzig, tous les ans, à une date fixe, les marchands devaient choisir parmi les membres du conseil de la ville deux commerçants convenablement instruits des difficultés que soulève ordinairement le trafic, et ces deux commerçants remplissaient le rôle de magistrat mercantile. On leur adjoignait comme assesseurs, pendant la durée des foires, quatre non-commerçants pris sur une liste de notoriétés et gradués en droit, plus six marchands, l'un de Hollande, un autre d'Augsbourg, un autre de Francfort-sur-le-Mein, un quatrième de Hambourg, un cinquième de Nuremberg et un sixième de Breslau. Quand on se trouvait en dehors des périodes de foire, les deux membres du conseil n'avaient que quatre assesseurs, tous marchands de la ville. Ainsi constitué, le tribunal de Leipzig avait mission de trancher tous les litiges se rattachant au commerce, même ceux des entrepreneurs de transport, des courtiers et des commissionnaires.

La procédure était des plus simples et des plus rapides. La comparution personnelle des parties était exigée, l'intervention des avocats, proscrite dans tous les cas. L'emploi des *positiones* (1), l'abus des répliques et des contre-répliques étaient rigoureusement interdits, comme tout ce qui était de nature à allonger le procès. Les preuves devaient être fournies dans un court délai. L'on n'avait que quarante-huit heures après que le jugement de première instance avait été rendu pour interjeter appel, et l'appelant qui ve-

(1) Nous avons déjà trouvé les *positiones* en examinant la procédure italienne et nous avons vu qu'elles furent prohibées par la Clémentine de 1306.

nait à succomber, perdait la caution qu'il avait dû fournir, caution qui s'élevait quelquefois à cinquante, cent thalers et même davantage (1).

On le voit, à la fin du XVIIe siècle, nous retrouvons à Leipzig presqu'intégralement ce qui existait à Nuremberg au début du XVIe. Dans les deux villes, à côté du tribunal ordinaire, siège un tribunal spécial pour les affaires commerciales; dans les deux villes, la création du tribunal de commerce résulte de l'affaiblissement du conseil dépouillé d'une partie de ses prérogatives; dans les deux villes, nous rencontrons parmi les magistrats de la nouvelle juridiction des membres du conseil appartenant à l'élément mercantile. Sans doute l'ordonnance de 1682 introduit au tribunal de commerce quelques juristes, tandis que le privilège de 1508 les en excluait, mais c'est là une différence purement apparente, car, en dépit du privilège de 1508, on admit toujours quelques juristes parmi les magistrats commerciaux de Nuremberg (2). D'un côté comme de l'autre enfin, la procédure est fondée tout entière sur le principe que rien ne saurait nuire davantage à la prospérité, au progrès du trafic que la longueur et la complication des débats, les appels injustifiés, l'insuffisance des moyens de coercition.

De la comparaison que nous venons d'établir entre la juridiction mercantile de Leipzig en 1682 et celle de Nuremberg en 1508, il ressort donc non seulement qu'à cette dernière date les grandes lignes de l'organisation moderne du tribunal de commerce allemand étaient trouvées, mais encore que le véritable ancêtre de cette juridiction spéciale c'est le tribunal urbain du Moyen-Age qui, à un certain moment, s'est sectionné et dont un tronçon a été transformé par l'élément mercantile.

(1) Cf. Silberschmidt, *op. cit.*, pp. 126 et 127.
(2) Cf. Silberschmidt, *op. cit.*, p. 161.

Est-ce à dire qu'en Allemagne les grandes réunions de commerçants, les bourses, les foires, n'aient exercé aucune influence sur le développement des juridictions commerciales ? Nous sommes fort éloigné de cette opinion.

D'abord qu'était-ce au début que le tribunal urbain d'où est sorti, suivant nous, le tribunal de commerce de l'Allemagne actuelle, sinon un tribunal de marché ? C'est à bon droit que M. Doren assimile la ville primitive à un marché permanent et stable, qu'il dit textuellement dans son étude sur les guildes au Moyen-Age : « *Die Stadt stændiger Markt ist*; *sie, als solche, kontinuerlich unter Marktrecht steht, wæhrend der lændliche Markt dasselbe nur periodisch geniest..* (1) ». Le tribunal urbain commença en effet par être un tribunal forain élargi.

Détourné de son but primitif, qui était le règlement exclusif des affaires mercantiles, il rentra plus tard en partie dans la voie que son origine semblait lui tracer : quand le trafic grandit, il se fractionna, nous l'avons vu, pour donner naissance au tribunal de commerce. Et au milieu de quelles circonstances ce démembrement s'opéra-t-il dans la plupart des villes ? D'une façon générale, on peut dire que c'est précisément à la suite du développement considérable ou d'une foire ou d'une bourse.

A Nuremberg, l'organisation de 1508 eut pour cause la prospérité grandissante des réunions foraines et, en 1621, quand cette organisation fut modifiée par l'ordonnance des banques, ce fut l'augmentation des affaires financières qui détermina la réforme.

A Botzen, une ville du nord de l'Allemagne qui, vers la

(1) Doren, *Untersuchungen zur Geschichte der Kaufmannsgilden des Mittelalters*, Collection Schmoller, vol. XII, p. 31. Cf. aussi Sohm, *op. cit.*, qui, à la page 23, fait la même assimilation que Doren : « Die Stadt mit ihrem Veichbild ist ein immerwährender Marktplatz. » Le même auteur dit à la page 25 : « Die Ausdrücke Marktrecht und Burgrecht sind gleichbedeuteudend. »

fin du XVIe siècle, devint le dépôt des marchandises venues de la Haute-Italie, l'institution d'un magistrat mercantile fut aussi motivée par le succès des foires où se rendaient en foule les marchands étrangers, en particulier ceux du Tyrol et de l'Engadine.

Nous pourrions citer encore de nombreux exemples qui prouveraient que si, en Allemagne, les tribunaux de commerce ne sont pas directement issus des tribunaux forains, si ces derniers n'ont engendré par décomposition les tribunaux de commerce qu'après s'être transformés au préalable en tribunaux urbains, ce sont du moins les foires, les grandes réunions commerciales qui ont provoqué d'ordinaire cette décomposition.

Jusqu'ici nous nous sommes attaché à montrer les transformations successives subies par le tribunal de commerce allemand avant d'arriver à sa forme moderne. Il nous reste maintenant à rechercher les traits qui caractérisent ce tribunal lorsqu'il est parvenu au terme de son évolution, en rappelant leur origine et en indiquant leur importance relative.

Au début de cette revue rétrospective, nous nous occuperons de la procédure, car, en ce qui concerne les juridictions allemandes, c'est à coup sûr la chose capitale. De l'autre côté du Rhin, les premières dérogations apportées au droit commun en faveur des marchands furent, ne l'oublions pas, relatives à la manière dont le tribunal devait conduire les affaires dans certains cas particuliers et l'on peut dire sans exagération avec Silberschmidt : « *Entstehungsgrund und Zweck des deutschen Handelsgerichts ist die Schaffung eines beschleunigten kaufmænnischen Prozesses* (1) ». Sans la nécessité de donner au trafic liberté et sécurité en supprimant les complications et les longueurs judiciaires de toutes sortes qui le paralysaient,

(1) Cf. Silberschmidt, *op. cit.*, p. 161.

un tribunal de commerce, au Moyen-Age, n'aurait eu, en Allemagne, ni but, ni raison d'être. Ce qui le distingue donc avant tout des juridictions ordinaires, c'est la procédure, et cela dès le début, alors même qu'il n'existe encore qu'à l'état embryonnaire, à l'état latent, alors que les seules affaires jugées commercialement sont celles qui rentrent dans la *cognitio extraordinaria* du bourgmestre.

Les premiers principes de cette procédure, par exemple la comparution personnelle des plaideurs, l'obligation pour les parties de présenter leur cause oralement, furent empruntés au droit germanique.

Au XIVe siècle, les relations entre marchands italiens et marchands allemands ayant pris une extension considérable (1), les règles qui avaient fait leur apparition en Italie vers 1300, commencèrent à leur tour à être suivies d'abord dans les cités de l'Allemagne méridionale, puis dans l'Allemagne entière. L'habitude s'établit de proportionner les formalités à l'importance du litige, de fixer un minimum au-dessous duquel il n'y avait pas lieu à appel. Les nouveaux principes, loin d'exclure et de détruire ceux qui existaient déjà, s'amalgamèrent avec eux et la procédure commerciale ainsi fondée présenta dès lors en tous lieux et jusque dans ses moindres détails, le triple caractère de simplicité, de rapidité et d'économie.

Autant il est facile de se former une opinion précise au sujet de la procédure des tribunaux de commerce allemands, autant il est impossible de trouver une règle fixe qui régisse leur organisation. Chaque ville pour ainsi dire a son système.

Au commencement du XVe siècle, alors que l'invasion du droit romain menaçait de ruiner à jamais la simplicité de la procédure, les juristes qui s'étaient constitués les

(1) Cf. à ce sujet, Silberschmidt, *op. cit.*, p. 99, qui rappelle qu'une maison de prêt et de change était tenue à Botzen par les Florentins et qui signale les relations d'Augsbourg et de Venise.

champions de tout ce qui se rattachait à l'antiquité, faillirent partager le discrédit des formes surannées qu'ils prétendaient remettre en honneur. Un instant on put croire que la défiance qu'ils inspiraient, ne serait point passagère et qu'à l'avenir les marchands les tiendraient rigoureusement à l'écart des juridictions qui statuaient sur les affaires touchant au négoce (1). Mais, quand la procédure abrégée eut pris nettement le dessus, la haine que les marchands nourrissaient contre eux tomba, si bien qu'au Xe siècle les magistrats des tribunaux mercantiles sont tantôt exclusivement des laïques, tantôt exclusivement des juristes, tantôt des laïques et des juristes confondus les uns avec les autres.

Même indifférence quand il s'agit de déterminer si c'est uniquement au sein du conseil de ville qu'on ira chercher les juges. Le marché n'a plus une existence liée à celle de la cité. Il ne semble donc plus indispensable que les mêmes personnes s'occupent de l'administration urbaine et des litiges commerciaux. Une seule préoccupation hante les négociants : avoir une justice rapide et commode. Ils s'inquiètent peu de savoir quelle est la qualité, la profession de ceux qui rendent les sentences, du moment qu'aucune affaire ne traîne, qu'aucun intérêt n'est lésé (2).

A l'encontre de ce que nous rencontrons pour l'organisation, la compétence des tribunaux de commerce allemands, au déclin du Moyen-Age, repose presque partout sur les mêmes principes. Elle est à peu près exclusivement subjective, c'est-à-dire que le tribunal, pour décider s'il

(1) A Nuremberg, en 1497, les juristes sont encore systématiquement éloignés du conseil de ville. Quand on sent qu'on a besoin d'eux, on les consulte, mais ils ne prennent jamais part à aucun vote. Scheurl (*Brief an Staupitz*, ch. XXIII) dépeint fort bien la situation qui leur est faite : « Doctorum, dit-il, est consulere et jus indicare tantum; scabinorum dare suffragia. »

(2) « Schnelle, praktische Justiz, von wem immer sie ausgeht », dit M. Silberschmidt, *op. cit.*, p. 162.

doit ou non connaître de l'affaire qui lui est soumise, considère rarement son objet ; il ne s'attache guère qu'à l'état des personnes, des sujets en cause, à leur qualité de marchands ou de non-marchands.

C'était là sans doute une conception assez étroite. Aussi ne faut-il pas s'étonner qu'avec le temps, le champ d'action des juges mercantiles se soit quelque peu élargi, qu'on ait admis dans une certaine mesure une compétence objective spécialement en matière de change et de transport (1), que même dans certaines chartes d'établissement de la fin du Xe siècle l'on trouve des énumérations de matières regardées comme commerciales et expressément soustraites à l'examen des juges ordinaires (2).

Bien que la compétence se soit quelque peu modifiée, il n'est pas téméraire, croyons-nous, d'affirmer que, dès le Moyen-Age, on trouve dans certaines juridictions allemandes la plupart des caractères qui distinguent aujourd'hui les tribunaux de commerce. A peine dégagée des tribunaux urbains, cette institution a sans doute encore quelques progrès à accomplir, elle n'est pas encore universellement répandue comme en Italie, mais, d'ores et déjà, elle existe dans les grands centres de trafic, et, là où elle manque, le principe essentiel d'après lequel tous les procès mercantiles devaient se régler rapidement et sans trop de frais, était observé avec une fidélité, qui prouve à quel point l'on reconnaissait que les commerçants avaient droit à être mis à part, à ne pas être traités sur le même pied que le reste des plaideurs.

(1) Cf. Silberschmidt, *op. cit.*, p. 163.
(2) Cf. Silberschmidt, *op. cit.*, p. 163.

CHAPITRE II

LES HANSGRAVES ET LES ALDERMANS.

Nous avons étudié jusqu'ici l'origine, le développement et l'organisation des tribunaux de commerce allemands, qui avaient en Allemagne un lieu d'établissement fixe. Il convient maintenant de suivre les négociants en dehors de leurs cités et de voir comment, au cours de leurs pérégrinations lointaines, ils liquidaient leurs conflits. Nous sommes ainsi amené à considérer deux nouvelles catégories de juridictions, celles qui statuaient sur les différends commerciaux des négociants allemands en voyage et celles dans la compétence desquelles rentraient les litiges de ces négociants, quand ils étaient établis à l'étranger.

Au Moyen-Age, les plus petits déplacements, plusieurs fois déjà nous avons eu l'occasion de le dire, ne laissaient pas d'être fort périlleux. Sans parler de la difficulté des communications, les marchands avaient à craindre la rapacité des seigneurs et les violences des gens de guerre. Pour obvier à ces dangers, ils avaient coutume de se réunir en grandes troupes (1), en convois, en caravanes, comme le font encore aujourd'hui les pionniers européens qui vont nouer des relations avec les habitants des terres inexplorées. C'est là l'origine des guildes de marchands, qui se formèrent en partie sur le modèle des anciennes confédérations de consanguinité.

Or, parmi les droits de ces guildes, il faut mentionner en première ligne celui de juger les procès qui divisaient

(1) Cf. Silberschmidt, *op. cit.*, p. 27.

leurs membres. L'exercice de ce droit donna lieu en Allemagne à la création d'un fonctionnaire qui se présente à nous sous un aspect particulièrement original : le hansgrave ou comte de la hanse.

A quelle époque se propage l'institution du hansgrave ? C'est vers la fin du XIIe siècle, précisément lorsque les Allemands commencent à prendre une part active au commerce de leur pays, qui, jusque-là, était presque entièrement accaparé par les juifs étrangers. A Ratisbonne, l'on trouve mention, en 1190, d'un hansgrave qui portait le nom de Marquadus (1). En 1191, un autre hansgrave de Ratisbonne veille, au marché d'Enns, de concert avec les juges de la ville, sur tout ce qui se rattache au commerce et à la navigation (2). Un peu plus tard, Othon de Pruneleiten est envoyé comme hansgrave en ambassade auprès du margrave Ottokar VI et il obtient de lui la confirmation des anciens privilèges relatifs à la foire d'Enns (3). Au XIIIe siècle, les hansgraves étaient sûrement fort répandus puisqu'en 1281, une ordonnance de l'empereur Rodolphe de Habsbourg prescrit que tous marchands voyageant en troupe par terre ou par eau seront tenus d'en avoir un avec eux (4).

En quoi consistaient au juste les fonctions du hansgrave ? Klœden (5) l'a comparé aux *consules mercatorum* que nous avons précédemment trouvés en Italie.

Evidemment il y a des traits communs aux deux institutions. Le hansgrave et le consul se trouvent tous deux placés à la tête d'un groupe de marchands. Tous deux défendent les intérêts, les privilèges commerciaux de leurs compatriotes ; tous deux sont juges de commerce.

(1) Cf. *Monumenta Boïca*, XIII, 67.

(2) Cf. Doren, *Untersuchungen zur Geschichte der Kaufmannsgilden des Mittelalters*, p. 48.

(3) Falke, *Geschichte des deutschen Handels*, t. I, p. 74.

(4) Cf. Doren, *op. cit.*, p. 49.

(5) Voyez *Stellung des Kaufmanns in Ma.*, p. 27.

Mais les différences, quand on y regarde de près, sont encore plus sensibles que les ressemblances.

D'abord, en Italie, le consulat des marchands s'est développé alors que les libertés communales existaient déjà, tandis qu'en Allemagne, elles furent postérieures à la création des hansgraves (1).

Ensuite qu'on n'aille pas croire que le hansgrave était l'élu des négociants ! On lit dans un privilège accordé en 1207 par Philippe de Souabe aux marchands de Ratisbonne (2) : « *Item cives ratisponenses facultatem habebunt, ex arbitrio suo eligendi magistrum qui vulgariter hansgrave dicitur...* » Du moment qu'un privilège était nécessaire pour que l'élément mercantile désignât les hansgraves, c'est que d'ordinaire le droit de nomination ne lui appartenait point. Et de fait, quand on consulte les documents du Moyen-Age, on ne tarde pas à s'apercevoir que le plus souvent le hansgrave est un agent nommé ou tout au moins confirmé par un comte ou un prince allemand (3).

Autre différence : les *consules mercatorum* veillaient exclusivement sur les intérêts de la corporation ; le hansgrave est bien le protecteur de la compagnie de marchands qui s'en va en tournée, mais il a non-seulement la charge de veiller sur les intérêts des gens qu'il conduit avec lui, mais encore sur ceux du seigneur auquel il doit son poste.

Enfin notons que les consuls italiens avaient une résidence fixe soit en Italie, soit à l'étranger. Les comtes de la hanse au contraire sont des fonctionnaires nomades qui tranchent sur place les litiges forains entre marchands de leur ville, « *Es ist sicher*, dit M. Kœhne, *das der Hansgraf wenigstens im zwölften und dreizehnten Jahrhundert die Kaufleute auf ihren Handelsfahrten und auf den frem-*

(1) Cf. Kœhne, *Das Hansgrafenamt*, p. 255.
(2) *Monumenta Boica*, 29 a, p. 533.
(3) Voyez Kœhne, *op. cit.*, p. 267.

den Mærkten eine Gerichtsbarkeit über sie übte » (1). On voit qu'on ne saurait assimiler le hansgrave allemand au consul italien (2).

La physionomie du comte de la hanse est singulièrement plus complexe. C'est un magistrat commercial ambulant qui est inséparable de la guilde. Il veille sur elle au triple point de vue administratif, diplomatique et judiciaire. Tantôt il défend contre l'étranger les privilèges dont jouissent ses compagnons, il cherche à en obtenir le renouvellement ou l'augmentation ; tantôt il intervient afin de maintenir entre les marchands l'ordre et la justice, il force chacun d'eux à exécuter les obligations qu'il a contractées vis-à-vis des autres et, quand une plainte s'élève, quand un procès mercantile s'engage, il est là pour rappeler aux plaideurs les règles du droit commercial de la ville d'où est partie la *societas mercatorum*. Il incarne la législation urbaine et la promène partout où est besoin, au grand avantage des négociants auxquels rien n'est plus indispensable que la fixité des principes juridiques (3).

De même que les négociants allemands eurent de fort bonne heure, dans les hansgraves, des juges mercantiles chargés de statuer sur les litiges qui les divisaient au cours de leurs voyages, spécialement pendant les grandes foires, de même, aussitôt qu'ils possédèrent quelques comptoirs

(1) Kœhne, *op. cit.*, p. 22.

(2) L'opinion que nous émettons ici sur le hansgrave est conforme à celle de M. Kœhne, qui écrit à la page 255 de son ouvrage : « So kann bezüglich der Consules Mercatorum und der Hansgrafen höchstens allenfalls von einer universalrechtlichen Analogie, keinesfalls aber von einem Zusammenhange oder von Identität gesprochen verden. » Sur les différences entre le hansgrave et le consul des marchands italien, voyez encore Schaube (*Das Konsulat des Meeres in Pisa*, pp.282 à 284) et Goldschmidt (*Handbuch des Handelsrechts*, pp. 163 à 165).

(3) M. Kœhne (*op. cit.*, p. 267) définit le hansgrave dans les termes suivants : « War der Hansgraf ein von einer Fürsten eingesetzter oder mindestens bestätigter Vorsteher einer Kaufmannsgenossenschaft, welcher sowohl die fürstlichen wie die kaufmännischen Interessen zu vertreten hatte. »

en territoire étranger, ils cherchèrent à soustraire la connaissance de leurs différends aux autorités des pays où ils s'étaient fixés.

Les raisons qui ont motivé l'institution des aldermans sont entièrement analogues à celles qui ont déterminé la création des hansgraves. Au Moyen-Age, il n'en était pas comme de nos jours, où des principes généraux universellement admis couvrent le négociant étranger d'une protection suffisante ; la différence des législations était un sérieux obstacle au développement du trafic.

Aussi, dès que la Hanse, cette célèbre ligue politique et commerciale qui, au XIIIe siècle, unissait plus de deux cents villes, eut été constituée (1), son premier soin fut d'entamer des négociations avec les souverains des divers Etats en vue d'acquérir le droit d'entretenir des magistrats particuliers, partout où ses protégés constituaient une agglomération de quelque importance. Ses efforts eurent plein succès, comme nous allons le voir par un rapide examen du régime judiciaire auquel étaient soumis les marchands allemands, dans les principaux pays où les nécessités commerciales les forçaient à s'expatrier.

En Angleterre, les Hanséates avaient, outre un comptoir central à Londres, une série de comptoirs secondaires, parmi lesquels il faut citer en première ligne ceux de Boston et de Lynn. Tous ces comptoirs étaient gérés par diverses compagnies de marchands, les unes de Cologne,

(1) L'époque de la constitution de la Hanse n'est pas exactement connue. Les érudits allemands Barthold, Sartorius, Lappemberg, etc. la placent généralement au XIIe siècle. Nous croyons qu'il convient de la faire remonter un peu plus haut, car ceux qui ont travaillé à la solution de ce problème historique ont eu le tort, à notre avis, de s'en rapporter uniquement aux dates portées sur les documents écrits qu'ils ont trouvés. Il faut, croyons-nous, tenir compte de ce que l'organisation de la Hanse, au début, dut reposer sur des engagements purement oraux. D'abord faible et restreinte, environnée d'ailleurs d'ennemis puissants, la Hanse avait intérêt à s'entourer de mystère et elle vécut sans doute longtemps sans laisser trace de ses délibérations.

d'autres de Hambourg, d'autres de Brême, etc. Vers la fin du XIIe siècle, ces compagnies s'unirent et formèrent la Compagnie générale des marchands allemands affiliée elle-même à la Grande Hanse, dont l'administration siégeait à Lubeck.

Pourvues dès lors d'un conseil dirigeant, qui résidait à Londres, au Stahlhof, elles ne cessèrent de demander pour leurs adhérents des privilèges de juridiction. Une charte d'Edouard Ier, accordée en 1303, leur donna une première satisfaction. De fortes peines étaient décrétées contre le magistrat négligent qui ne liquiderait pas rapidement les procès auxquels étaient intéressés des étrangers. Les litiges engagés entre Allemands et Anglais devaient être jugés d'après la loi du lieu où le contrat avait été passé (1).

Les Hanséates ne se contentèrent pas de ces mesures, pourtant libérales. Sous Edouard II et Edouard III, ils réclamèrent tant et si bien, qu'un acte du parlement anglais finit par les appeler à la magistrature consulaire du pays (2).

A partir du XIVe siècle, l'administration de la Hanse intervient dans tous les procès commerciaux où les marchands allemands se trouvent mêlés. Seulement son rôle est plus ou moins large suivant les cas (3). Si le litige concerne exclusivement des Allemands, l'aldermann de la ville où réside le défendeur, examine seul l'affaire et la juge. Si le litige est entre Allemands et non Allemands, un jury mixte est constitué. Il est composé de deux négociants allemands désignés par l'aldermann et deux bourgeois anglais choisis par les autorités municipales anglaises. Les quatre jurés examinaient l'affaire en se référant, comme le portait déjà la charte de 1303, aux

(1) Cf. Silberschmidt, *op. cit.*, p. 18 et Worms, *Histoire commerciale de la Ligue Hanséatique*, p. 113.

(2) Cf. Worms, *op. cit.*, p. 114.

(3) Cf. Silberschmidt, *op. cit.*, p. 18.

règles du lieu où le lien de droit s'était formé (1). Ils statuaient sommairement « *levato velo*, dit Marquardus, *ac sine strepitu et figurâ judicii, citius et compendiosius quo fieri poterit* » (2). L'appel, si appel il y avait, était porté à Lubeck, la ville où délibérait le conseil général de la Grande Hanse.

Dans les royaumes du Nord comme en Angleterre, nous trouvons les marchands allemands exemptés de l'obligation de suivre les formes du droit commercial indigène et de comparaître devant les juges indigènes, du moins quand aucun habitant du pays n'est en cause (3). Ainsi par le privilège du 28 juillet 1268, Eric VI Menved, roi de Danemark, accorda aux gens de Lubeck la faculté d'avoir, aux foires de Skaneur et de Falsterboë, un bailli qui devait jouir d'une pleine compétence « *super debitis... inter ipsos personaliter vergentibus* (4) ». Ce privilège fut confirmé en 1336 par Magnus II (5). On en trouve beaucoup de semblables soit en Suède, soit en Norvège (6).

Aux Pays-Bas, la Hanse avait avec Bruges, Ypres et Gand, des traités qui assuraient aux affiliés le droit de choisir eux-mêmes dans le sein de leurs associations, les magistrats chargés de trancher les affaires mercantiles qui les divisaient (7). A Anvers, aux termes du privilège concédé en 1315 par Jean de Brabant (8), les hanséates possédaient un consul. La compétence de ce consul était restreinte aux litiges intéressant exclusivement les Allemands. Les différends commerciaux qui s'élevaient entre Allemands et indigènes étaient jugés tantôt par le « *judicium sculteti, sca-*

(1) Worms, *op. cit.*, p. 121.
(2) Marquardus, *Tractatus politico-juridicus de jure mercatorum et commerciorum*, t. II, p. 175.
(3) Cf. Silberschmidt, *op. cit.*, p. 19.
(4) Voyez Marquardus, *op. cit.*, t. II, p. 247.
(5) Cf. Marquardus, *op. cit.*, t. II, p. 248.
(6) Cf. Silberschmidt, *op. cit.*, p. 19.
(7) Cf. Miltitz, *Manuel des consuls*, t. II, p. 353, rem. 2 et Marquardus, *op. cit.*, II, pp. 289 et suiv.
(8) Cf. Marquardus, *op. cit.*, II, p. 289 et Silberschmidt, *op. cit.*, p. 20.

binorum et predictorum mercatorum », sorte de tribunal mixte, tantôt par les magistrats ordinaires, qui étaient alors tenus de suivre une procédure simple et rapide et de se conformer au droit du lieu où résidait le demandeur.

La France est peut-être le pays où les hanséates étaient le moins privilégiés, quand un procès commercial venait à naître entre l'un d'eux et un indigène. Le principe des tribunaux mixtes n'était point admis chez nous.

Du moins le privilège accordé par Louis XI à la Hanse en avril 1483 (1) abrégeait-il singulièrement le règlement des litiges auxquels les membres de la grande ligue allemande se trouvaient mêlés. « Et demum ut ejusmodi perpetua pax.... facilius et felicius observetur, porte le privilège, ejusdem conservatores perpetuos decernimus... Admiraldum Franciae, Vice-Admiraldum, baillivum Rothomagensem, seneschallos Aquitaniæ, Lugduni et Ponticis, gubernatores Rupellae, Arthesii et Bononiæ pro tempore existentes vel eorum loco tenentes quibus... mandatum damus et concedimus, de omnibus et singulis litibus et controverses inter subditos nostros praiidictosque proconsules, mercatores et incolas prædictæ Hansæ Teutonicæ... cognoscendi... Quibus quidem conservatoribus seu eorum loca tenentibus mandamus et committimus, partibus ipsis auditis summariè et de plano et absque strepitu et figurâ judicii, celeris justitiæ complementum ministrare curent. » Compétence des magistrats maritimes, procédure simple et sommaire, voilà quelles étaient les bases du régime judiciaire auquel étaient soumis les hanséates en France, quand ils soutenaient un procès mercantile contre un français ou un étranger non allemand (2).

Si le procès s'élevait entre deux membres de la hanse, l'aldermann, qui avait la surveillance du comptoir, le tran-

(1) Cf. Isambert, *Ordonnances des rois de France*, t. X, p. 921.
(2) Cf. Silberschmidt, *op. cit.*, pp. 15 et 16.

chait tantôt seul, tantôt avec le concours d'assesseurs et toujours sauf appel à Lubeck.

On voit par tout ce qui précède combien les Allemands étaient abondamment pourvus de juridictions commerciales lorsqu'ils quittaient leurs villes, afin d'entreprendre de longs voyages d'affaires ou lorsqu'ils allaient s'établir d'une manière définitive à l'étranger.

Le trait essentiel de ces juridictions, le caractère qui les distingue des tribunaux de commerce ayant une résidence permanente en Allemagne même, c'est qu'elles reposent toutes sur le principe d'association. L'on chercherait vainement, dans les villes allemandes, des corporations de marchands possédant comme en Italie le droit de rendre des jugements en matière commerciale et surtout le droit d'assurer elles-mêmes l'exécution de ces jugements. La guilde germanique ne commence à avoir de larges pouvoirs judiciaires que quand elle est errante ou fixée à l'étranger, mais alors elle use largement de la liberté qui lui est laissée et on peut dire que c'est d'elle que dérivent toutes les institutions des marchands allemands, une fois qu'ils ont quitté leur cité d'origine. Sans la hanse, qui est une guilde nomade, on ne saurait, dit M. Silberschmidt, concevoir un magistrat tel que le hansgrave (1). Nous ajouterons que, sans la grande ligue qui s'ébaucha au Xe et au XIe siècle sur les bords de la Baltique et de la mer du Nord, les commerçants allemands auraient, selon toute probabilité, longtemps attendu avant de posséder des magistrats nationaux à l'étranger. Autant les corporations, les sociétés de marchands ont eu peu d'influence sur le développement des tribunaux de commerce fixés à l'intérieur de l'Allemagne, autant, pour la création des hansgraves et des aldermans, leur action a été prépondérante, si même elle ne fut pas exclusive.

(1) « Der Hansgraf ist nicht denkbar ohne die Hans... » Cf. Silberschmidt, *op. cit.*, p. 28.

TROISIÈME PARTIE

LES JURIDICTIONS COMMERCIALES FRANÇAISES

PRÉAMBULE

NÉCESSITÉ D'EMPLOYER POUR L'ÉTUDE DES JURIDICTIONS COMMERCIALES FRANÇAISES LA MÉTHODE RÉGIONALE.

Le développement des juridictions commerciales en France est loin d'être simple. Alors qu'en Italie l'accroissement progressif de la compétence des magistrats corporatifs suffit à expliquer la création d'un tribunal spécial aux marchands, des causes et des agents extrêmement divers ont contribué à l'établissement de nos juges consulaires.

Dans certaines villes, c'est parmi les autorités placées à la tête des corps de métier que l'on est tenté de chercher leurs ancêtres. Ailleurs, ils paraissent descendre des magistrats municipaux. Ailleurs la tenue périodique de nombreuses foires, où les procès étaient réglés d'après des usages spéciaux, semble avoir exercé pour leur création une influence décisive.

Tantôt la royauté joue le rôle de protectrice, d'alliée des commerçants ; tantôt elle se désintéresse de leurs efforts, elle reste étrangère à leurs tentatives.

Enfin, il est des régions où les institutions d'où sortiront les tribunaux de commerce, sont le résultat d'une importation : il en est d'autres où elles sont purement françaises ; il en est d'autres encore où l'on constate qu'étrangers et nationaux ont travaillé simultanément à l'organisation d'une justice exclusivement commerciale.

L'extrême variété des moyens par lesquels les négociants français sont parvenus à obtenir des tribunaux appropriés à leurs besoins ne doit pas trop nous surprendre. Il convient de se souvenir qu'en France, les juridictions mercantiles ont commencé à poindre au XIIe et au XIIIe siècle, c'est-à-dire à une époque où l'unification nationale était loin d'être un fait accompli. Du temps de Saint-Louis, bon nombre de nos provinces n'étaient point comprises dans le domaine royal. Les communications étant encore rares, l'opposition entre Français du Midi et Français du Nord demeurait sensible. En outre, certaines portions du territoire, telles que la Provence, semblaient plutôt rattachées à l'Espagne ou à l'Italie qu'au pays dont elles devaient plus tard faire partie intégrante.

Le développement des tribunaux de commerce s'est forcément ressenti d'une pareille situation. Quoique répondant partout à des nécessités analogues, ils ont grandi plus ou moins vite suivant les lieux. Suivant les lieux aussi, ils ont pris des formes diverses, ils ont trouvé des protecteurs différents.

C'est pourquoi, nous nous garderons tout d'abord de les étudier en bloc. Rapprochant ceux entre lesquels la ressemblance est la plus frappante, nous formerons un certain nombre de groupes que nous envisagerons à part. Ensuite seulement, nous tenterons de découvrir les liens qui ont pu réunir ces groupes les uns aux autres et nous montrerons comment, à la variété primitive des juridictions mercantiles, a succédé finalement, grâce à l'intervention royale, une unité à peu près complète.

CHAPITRE PREMIER

LE GROUPE DU SUD-EST.

C'est dans la région méditerranéenne que sont apparus les premiers tribunaux consulaires français. La précocité de leur établissement qui remonte au XIIe siècle est due à plusieurs causes qui ont agi simultanément : les relations avec l'Italie, la puissance des institutions municipales, l'activité extraordinaire imprimée au commerce par les croisades.

La situation même de Marseille en faisait le point d'arrivée de la plupart des marchandises envoyées en France par la voie de l'Italie. Peu éloignée de Gênes, qui fut si longtemps la plus florissante des villes maritimes du sud de l'Europe, placée près de l'embouchure d'un fleuve considérable, pourvue d'un excellent port, Marseille était l'entrepôt naturel des vins du Languedoc, des armes et des cuirs d'Espagne, qu'on y échangeait contre les tapis, les parfums, les thés, les porcelaines et les autres produits orientaux importés surtout par des Italiens. Là séjournait le coton acheté dans le Levant par Venise et destiné à la Flandre, tandis que les gros draps de Bruges et de Gand, descendant le Rhône, s'entassaient sur les navires avant de gagner par mer la Lombardie, la Toscane ou la Sicile.

Trois grandes cités, Montpellier, Nîmes et Narbonne, détenaient alors avec Marseille le commerce du Midi. Il ne manque pas de documents qui montrent combien les Italiens auxquels ces cités donnaient asile, étaient nombreux, combien ils étaient cultivés, attirés par les maîtres du pays, quelles concessions on leur faisait, à l'occasion, pour les retenir ou les décider à changer de résidence. Signalons seulement les plus curieux qui se rapportent à l'émigration des marchands italiens de Montpellier à Nîmes.

En 1276, Montpellier dépendait du roi de Majorque, Nîmes était placée sous l'autorité du roi de France. Philippe le Hardi ayant fait des ouvertures aux commerçants des diverses villes de la Péninsule, de véritables négociations s'engagèrent entre le souverain et les chefs des corps de métier. On voit les consuls d'Ast donner à cet effet leur procuration à un certain Ottolin Testa (1). Les marchands de Lucques, de leur côté, chargent un délégué de s'entendre avec le roi « *super translatione faciendâ mercatorum civitatis Lucensis de terrâ Montispessulanâ ad terram Nemausensem* ». Gênes confie une semblable mission à Jacques Pinelli et à un particulier nommé Hugues. Enfin Foulques Chæci, citoyen de Plaisance, qui était alors capitaine du corps des marchands toscans et lombards établis à Nîmes, est chargé, avec procuration expresse des consuls des marchands de Rome, de Gênes, de Venise, de Plaisance, de Lucques, de Bologne, de Pistoïe, d'Alde, de Florence, de Sienne et de Milan, de solliciter les privilèges nécessaires à la prospérité et au progrès de leur négoce. A la suite des colloques tenus entre les représentants royaux et les délégués des marchands, il est signé une série de conventions, au mois de février 1277, à Paris, entre Philippe le Hardi et Foulque Chæci. Aux termes de ces conventions, les marchands italiens « ne pourront estre assignez hors de Nismes, par rapport aux affaires qui concernent leur commerce, lesquelles seront jugées dans ce lieu par le juge ordinaire, si ce n'est dans le cas où des marchands estrangers, demeurant à Aigues-Mortes, au-

(1) Cf. Ménard, *Histoire de la ville de Nîmes*, I, 313.

raient avec eux, au sujet du commerce, des contestations, lesquelles seront jugées par le juge ordinaire de ce lieu » (1).

De pareils traités nous prouvent deux choses : d'abord que les marchands italiens formaient dans les villes du sud de la France, des corps puissants et bien organisés dont le roi lui-même prenait les désirs en considération ; ensuite, que ces corps mettaient à profit leur force pour obtenir des réformes juridiques propres à favoriser le commerce.

L'influence des Italiens sur les institutions de Marseille et des cités voisines a été d'autant plus grande qu'au moment où elle s'est exercée, le Midi jouissait en fait d'une indépendance à peu près complète et qu'il avait de la sorte toute facilité pour modifier son droit et ses coutumes. Beaucoup de villes possédaient une constitution absolument démocratique, républicaine, et le pouvoir du seigneur suzerain n'y était que nominal. Ainsi, aux termes de la charte concédée en 1205 par Pierre II d'Aragon, les consuls de Montpellier « avaient plein pouvoir de statuer, réformer et corriger, toutes les fois et selon qu'ils croiraient utile à la commune de le faire ». Avec de pareilles concessions l'on va loin et il n'est pas difficile de comprendre qu'investies de la mission permanente de rédiger de nouveaux statuts urbains et d'amender les anciens selon les circonstances et les besoins de la commune, les autorités municipales aient pu fortement aider à l'établissement d'une législation spéciale aux négociants.

Il s'est passé en Provence et dans le Bas-Languedoc le même phénomène que nous avons déjà signalé au cours de notre étude sur le développement des juridictions consulaires de l'Italie septentrionale : l'organisation politique a réagi sur l'organisation judiciaire et, comme le pouvoir effectif était entre les mains des marchands, ils se sont fait la part belle.

(1) Voyez *Ordonnances des rois de France de la 3e race*. Tome IV. p. 668.

Une dernière cause enfin a contribué à précipiter la formation des tribunaux mercantiles dans le Midi, c'est le mouvement commercial occasionné par les croisades. Il fallait une justice pour les nationaux qui s'expatriaient, qui allaient s'établir en de lointains pays soumis aux infidèles. Les Marseillais et les habitants des autres villes de la Méditerranée française furent ainsi amenés à avoir des consuls dans le Levant.

La juridiction des consuls marseillais s'étendait non seulement à tous ceux de leurs compatriotes établis dans le district du consulat, mais encore aux capitaines et aux matelots qui, partis de la métropole, venaient à aborder sur les rivages occupés par la colonie. Ils devaient dans tous leurs actes, dans toutes leurs décisions recourir à l'avis d'un ou deux de leurs concitoyens. Leurs sentences n'étaient point définitives ; elles pouvaient être infirmées en tout ou en partie par les magistrats de Marseille, mais il fallait alors que celui qui avait été condamné, demandât l'annulation de l'arrêt dans le mois de son arrivée en France. Passé ce délai, on ne pouvait plus en appeler utilement et l'autorité de la chose jugée était acquise.

Si, par hasard, il n'y avait pas de consul dans un pays où plusieurs Marseillais étaient établis, ils pouvaient en choisir un parmi eux, du moment qu'ils étaient au moins dix, et le consul désigné de la sorte avait les mêmes pouvoirs que les consuls directement nommés par le gouvernement de Marseille (1). On conçoit sans peine que, dans ces conditions, le nombre des consuls marseillais établis en Orient devait être considérable.

De leur côté, Nîmes, Montpellier, Narbonne avaient suivi l'exemple de Marseille et s'étaient aussi largement pourvues de consuls.

Or, tous ces consuls n'ayant guère à juger que des mar-

(1) Nous retrouvons ici les *consules electi*, dont il a déjà été question à propos des juridictions commerciales italiennes à l'étranger.

chands, tranchaient surtout des affaires se rattachant au négoce. Petit à petit les règles de droit, la procédure, suivies dans leur prétoire, prirent forcément, en raison d'une telle situation, une tournure particulière et eux-mêmes ne tardèrent pas à devenir de véritables juges de commerce.

Ajoutons à cela que, depuis les Assises de Jérusalem, c'est-à-dire depuis le début du XIIe siècle, il existait dans la fonde de Saint-Jean d'Acre une cour de commerce (1) tant pour les marchands chrétiens que pour les indigènes de la Syrie, les Juifs, les Sarrasins et les Arméniens. Cette cour était composée d'un bailli, homme de bonne renommée et ami de la justice et de six jurés d'un caractère loyal, deux chrétiens et quatre syriens, au courant des us et coutumes du pays. Devant cette cour devaient être portées toutes les contestations mercantiles, que l'on s'attachait à régler rapidement et suivant les principes d'équité.

Comment les marchands du sud de la France qui, à l'époque des croisades, entretenaient les relations les plus actives avec l'Orient, n'auraient-ils pas été frappés de l'heureuse organisation judiciaire qu'avaient su se donner leurs compatriotes ? Comment n'auraient-ils pas cherché à imiter cette organisation, à reproduire chez eux, dans le but d'augmenter la facilité des rapports commerciaux, ce qui avait été créé au loin surtout pour des raisons de nationalité ? Aussi l'institution des juges marchands se répandit-elle de très bonne heure en Provence et dans le Bas-Languedoc.

A Marseille, ils existaient déjà au XIIe siècle. C'est à tort que certains auteurs (2) attribuent leur création à René d'Anjou. On trouve en effet dans le Livre du Consulat que les chapitres qui consacrent l'élection annuelle des consuls et juges des appellations, ont été octroyés à l'hôpital, en

(1) Cf. Depping, *Histoire du commerce entre le Levant et l'Europe*, t. VII, p. 23.

(2) En particulier Ruffi, *Histoire de Marseille*.

présence du sieur Jauffre Antor et jurés par lui au mois d'août 1162.

D'autre part, le statut définitif de Marseille, rédigé en 1254, fait déjà mention de la juridiction consulaire et à coup sûr elle avait été établie longtemps auparavant, puisque la plupart des chapitres composant ce statut annoncent qu'ils maintiennent, qu'ils corrigent, qu'ils augmentent l'œuvre des lois antérieures (1).

Une nouvelle preuve de l'erreur commise par ceux qui placent les débuts des juges-consuls à Marseille en 1474, nous est encore fournie par des lettres patentes de Charles VIII qui, bien que postérieures de quelques années seulement à la mort du roi René, en parlent comme d'une institution déjà très ancienne (2).

Enfin, si, malgré ces divers documents, il subsistait quelques hésitations, elles seraient certainement levées par les termes fort explicites de l'édit que rendit Charles IX en 1565 : « Nos chers et bien amés, les consuls, conseillers, manans et habitans de notre ville de Marseille, y lit-on, nous ont, par leurs députés qu'ils ont envoyés par devers nous, fait remontrer en notre conseil privé que, pour augmenter et entretenir le commerce et trafic des marchands tant originaires de notre dit royaume que des estrangers, qui de tout temps ont négocié en ladite ville et ès-environs, ont été créés et institués *de toute ancienneté* par le conseil de la ville, deux juges des marchands, pour juger et décider sommairement tous procès et différends entre marchands, sans s'atteindre aux subtilités des lois et ordonnances. Laquelle création et institution desdits juges des marchands, tant en considération de son ancienneté que conservation des privilèges et abréviation des procès d'entre lesdits marchands, leur fut *confirmée* par le feu roy René de Sicile et consécutivement par tous les comtes de Provence,

(1) Cf. Pardessus, *Collection des lois maritimes*, t. II, introduction, p. 124.
(2) Ces lettres patentes sont de 1484 ; René d'Anjou mourut en 1480.

nos prédécesseurs. » René d'Anjou n'institua donc pas les magistrats consulaires de Marseille ; il se borna à maintenir le privilège qui les reconnaissait.

Ce privilège reçut sous Charles IX de notables extensions : « Voulons et nous plaist, dit ce roi (1), que des mandements, sentences ou jugements qui seront donnés par lesdits juges des marchands et pour fait de marchandise l'appel ne soit reçu, pourvu que la demande et condamnation n'excèdent la somme de cinq cents livres, pour une fois payer. Et avons dès à présent, déclaré non recevables les appellations qui seront interjetées desdits jugements, lesquels seront exécutés en nos royaume, pays et terres de notre obéissance, par le premier de nos juges des lieux, huissiers ou sergents sur ce requis, auxquels et à chacun d'eux, enjoignons de ce faire, à peine de privation de leurs offices, sans qu'il soit besoing demander aucun visa ni pareatis... Es cas qui excèdent ladicte somme de cinq cents livres tournois sera passé outre à l'entière exécution des sentences desdits juges, nonobstant opposition ou appellation quelconque et sans préjudice d'icelles que nous entendons être relevées et ressortir en notre cour de parlement de Provence et non ailleurs. »

Ainsi, au XVIe siècle, Marseille possédait, pour régler les procès entre marchands, une juridiction tenue de suivre une procédure sommaire, statuant en dernier ressort jusqu'à cinq cents livres, rendant des jugements exécutoires nonobstant appel même au-dessous de cette somme et l'édit qui avait institué ce véritable tribunal consulaire, faisait allusion à ce qui se passait auparavant, il présentait les nouveaux magistrats comme les successeurs, les continuateurs des deux marchands autrefois nommés par le conseil de la ville ! En l'absence de pièces officielles nous permettant de connaître et de retracer dans ses détails,

(1) Voyez l'édit de 1565.

le fonctionnement du tribunal de commerce marseillais pendant les premiers siècles de son existence, ce rappel du passé n'est-il pas de nature à nous convaincre que l'organisation primitive de la justice commerciale à Marseille était loin d'être rudimentaire ?

Comme à Marseille, il y eut à Narbonne, au Moyen-Age une juridiction mercantile, mais elle se présente à nous sous un jour quelque peu différent de celle que nous venons d'étudier. Les consuls qui l'exerçaient, loin d'être bornés au rôle de purs magistrats commerciaux, nous semblent avoir été investis d'une mission analogue à celle qui incombait aux *consules de communi* des villes italiennes avant l'apparition des *consules mercatorum*. Ils cumulaient en effet les fonctions administratives avec les fonctions judiciaires. La direction de la police, l'initiative et la surveillance des grands travaux publics (1), l'inspection des finances communales leur appartenaient. A côté de cela, ils avaient le droit de punir civilement et pécuniairement les gens de métier et artisans de toute condition rebelles à leurs chefs, et ils connaissaient de tous les différends qui pouvaient s'élever entre pareurs, tisseurs et gens des autres professions à l'occasion de leurs accords et conventions. La variété, on le voit, était le caractère essentiel de leurs attributions.

Remarquons en outre, ce qui accuse encore davantage leur ressemblance avec les *consules de communi*, qu'il leur arrivait souvent de déléguer le soin de juger à des chefs élus par les corporations de marchands, quitte ensuite à surveiller eux-mêmes l'exécution de la sentence qui intervenait. Le dualisme des tribunaux publics, officiels et des tribunaux privés, corporatifs, que nous avons déjà rencontré en Italie, existait donc à Narbonne dans une certaine mesure.

(1) Voyez dans le livre de M. Port, intitulé : « *Essai sur le commerce maritime de Narbonne* », les démarches tentées par les consuls en vue d'obtenir la construction d'un port à Leucate, pp. 198 et suiv.

Le bayle de Montpellier tranchait à la fois des litiges civils et des litiges mercantiles et ce serait sans doute exagérer que de le qualifier de juge de commerce. Néanmoins l'on nous concédera que sa juridiction n'était pas sans présenter quelques-uns des traits qui précisément caractérisent les juridictions commerciales.

Pour s'en convaincre, il suffit de se reporter à la charte montpelliéraine du 15 août 1204. « On ne donnera ni libelle conventionnel, ni délai de vingt jours, porte l'article 71. Les défendeurs devront répondre le lendemain du dépôt de la demande, ou après l'information du juge. » Par conséquent l'instance, à la cour du bayle, s'introduisait verbalement et sans assignation écrite, et la cour jugeait dès le lendemain, si elle le voulait.

Passons à l'article 8 ; nous trouvons une nouvelle preuve que la justice était sommaire et expéditive (1) : « Les légistes, y lit-on, ne défendent que leurs propres causes. S'ils en ont quelqu'une, un légiste pourra leur être opposé. Il n'y a d'avocats que du consentement des parties. » Voilà qui est clair : d'habitude, les parties exposent elles-mêmes leurs réclamations ; on écarte les légistes et les avocats qui risqueraient d'allonger, de compliquer les procès. L'application de ces principes cesse uniquement lorsque les plaideurs estiment qu'ils ne possèdent pas des capacités suffisantes pour se défendre ou lorsque l'un d'eux, dès longtemps rompu à tous les artifices du droit, aurait chance de remporter sur son adversaire une victoire trop facile.

Même en laissant de côté la suppression des formalités et l'abréviation des délais judiciaires, nous n'aurions pas grand'peine à indiquer des concessions sérieuses faites par le bayle à l'esprit mercantile des habitants de Montpellier.

(1) A noter encore l'article 79 : « Qu'on n'observe pas les délais marqués; que la prudence et la sagesse du juge les abrègent librement » et l'article 81 : « L'absence de l'avocat n'est pas une raison pour retarder les débats d'une cause. »

C'est ainsi que le duel judiciaire, qui ne cadrait point avec les mœurs paisibles des négociants, n'était admis comme moyen de preuve, que si, d'un commun accord, les plaideurs priaient la cour de l'ordonner. Les aveux, les transactions et tous les actes faits devant arbitres avaient la même valeur que s'ils avaient eu lieu en présence du tribunal (1). Enfin, en vertu d'une autre disposition (2), le serment prêté devant le bayle avait, quelles que fussent les circonstances de la cause, la valeur d'un écrit. N'était-ce pas là un moyen détourné mais sûr d'assurer dans tous les cas une sanction aux obligations des marchands, qui, faute de temps, demeuraient le plus souvent verbales?

En somme, l'examen de ce qui se passait aux environs du XIIIe siècle à Marseille, à Narbonne, à Montpellier, les trois plus importantes cités méridionales au point de vue du trafic, nous montre que, suivant les lieux, la Provence et les territoires immédiatement avoisinants possédaient tantôt des magistrats choisis parmi les négociants et ayant pour tâche exclusive la solution des litiges mercantiles, tantôt des fonctionnaires qui n'étaient pas de purs juges commerciaux, mais qui en prenaient les allures, lorsqu'ils avaient devant eux des marchands.

Au fond, la différence n'était pas grande entre ces deux formes de juridiction commerciale. Qu'on dédouble par la pensée la personnalité d'un consul narbonnais, qu'on fasse un premier lot de ses attributions policières, administratives et politiques, un second lot, de ses attributions judiciaires et qu'on suppose ces deux lots donnés à des personnages séparés, l'un de ces personnages aura sensiblement la physionomie d'un juge mercantile.

Le fait s'explique aisément. On sait qu'à la suite de l'importation du consulat venu d'Italie dès les premières an-

(1) Cf., art. 113 de la Charte de 1204.
(2) L'article 76 de la Charte de 1204.

nées du XIIe siècle (1), la plupart des emplois dans les cités provençales avaient été envahis par les marchands. Dès lors, petit à petit, toutes les institutions furent modifiées dans un sens qui leur était favorable. En ce qui concerne spécialement la justice, l'élément commercial prit possession des tribunaux. Du coup la procédure, même la procédure des affaires civiles, devint rapide, expéditive, si bien que désormais le juge ordinaire ne se distingua plus nettement du juge mercantile que sur un seul point : l'étendue du champ d'action, la compétence. Là où la division des fonctions et la spécialisation de ceux qui les occupaient était avancée, les magistrats commerciaux eurent ainsi une vie séparée et avouée ; là où les divers services étaient encore confondus, ils existèrent sinon nominalement, du moins à l'état latent.

Les juges mercantiles entretenus par les Provençaux à l'étranger ressemblent fort à ceux qu'y envoyaient les Italiens : ce sont ou des *consules missi*, ou des *consules electi*, ou des *consules hospites*. Nous ne leur consacrerions donc aucune mention particulière s'il ne nous paraissait utile de faire remarquer combien les *consules hospites*, ces magistrats si intéressants en raison des affinités qu'ils ont avec les proxènes antiques, étaient en vogue dans les villes françaises du sud-est.

En 1278 (2), par exemple, alors que les Narbonnais qui séjournaient à Pise, devenaient de plus en plus nombreux, nous voyons s'assembler sept citoyens notables de Narbonne : Bernardus Pauli, Petrus Rubeus, etc. Après avoir constaté la situation, «...*cum...venientes cum navibus et aliis lignis navigabilibus et cum mercimoniis ad civitatem Pisa-*

(1) L'institution consulaire apparut à Béziers en 1131, à Montpellier en 1141, à Nîmes en 1145, à Narbonne en 1148. Elle existait à Milan dès 1093, à Gênes, vers 1100.

(2) Cf. Schaube, *La proxénie au Moyen-Age. Revue de droit international et de législation comparée*, t. XXVIII, n° 5, p. 527.

nam non habeamus in civitate Pisanâ consulem vel rectorem, qui nos regat et gubernet et nostra jura et immunitates defendat et pro nobis interveniat coram potestate et capitaneo populi Pisani aliisve officialibus... et qui fondacum et hospitia nobis praestet sicut decet, et Januenses, Provinciales et Catalani et ceteri alii venientes cum navibus et aliis lignis...habeant consules et rectores », ils décident de désigner immédiatement un consul et leur choix se porte sur Ugolino Sceleti, noble pisan duquel ils recevaient fréquemment l'hospitalité, « *in cujus domibus... nos et concives nostri... habemus confugium et moram* », dit la *carta electionis.*

Un peu plus tard, en 1296, le gouvernement de Narbonne envoie à Pise un homme qui rendait aux citoyens de la ville, des services analogues à ceux d'Ugolino Sceleti, Simon del Artot, dont nous possédons le décret d'installation (1).

Citons encore le consulat de Manfredo Buzzaccarini (2), citoyen pisan chargé par les Marseillais de les représenter à Pise, et celui de son fils Giovanni, qui fut proposé par le gouvernement pisan à la commune de Marseille comme successeur de son père et dont on invoque souvent la nomination, afin de prouver que les fonctions de *consul hospes* se transmettaient parfois héréditairement dans certaines grandes familles.

La plupart des *consules hospites* de Provence dont l'histoire a conservé le souvenir, avaient leur poste en Italie. Ce détail a son importance. Comme la réciprocité de traitement était presque une condition inséparable de l'envoi d'un *consul hospes*, nous trouvons là une nouvelle preuve des liens étroits qui existèrent au Moyen-Age entre la France méridionale et l'Italie, et de l'influence que celle-ci exerça sur celle-là en ce qui concerne les juridictions commerciales.

(1) Voyez Port, *Essai sur le commerce maritime de Narbonne*, p. 88.
(2) Cf. Schaube, *op. cit.*, p. 536.

Sur cette influence nous tenons à insister encore une fois avant de quitter les juridictions provençales : nulle part, en France, l'importation des institutions judiciaires spéciales aux commerçants, nées sur les rives du Pô et de l'Adige, n'apparaît plus claire, plus nette que dans la région méditerranéenne.

CHAPITRE II

LE PARLOIR AUX BOURGEOIS.

Presque à la même époque où, grâce à l'influence italienne, s'élevaient dans le Midi de nombreux tribunaux mercantiles, une autre juridiction, dont la physionomie, quoiqu'intéressante aussi pour notre étude, est singulièrement différente, grandissait à l'autre bout de la France, au cœur même de sa capitale. La juridiction du Parloir aux Bourgeois remonte en effet au XIIIe siècle.

Rien n'est plus curieux que la façon dont elle est née. A une date qu'on ne peut préciser mais qui, pour certains auteurs, n'est guère postérieure à l'occupation de la Gaule par les Romains (1), il s'était fondé à Paris, une confrérie de marchands qui, recevant par la Seine les denrées dont ils faisaient le commerce, prenaient le nom de Marchands de l'Eau de Paris, c'est-à-dire marchands faisant leur trafic par le moyen de l'eau qui traverse cette ville. Plus tard, on les nomma simplement les Marchands de l'Eau et, ce qui peut paraître plus étrange, l'association fut désignée sous le nom de la Marchandise de l'Eau, ou simplement, la Marchandise.

(1) C'est du moins l'opinion de M. Leroux de Lincy (*Histoire de l'Hôtel de ville de Paris*). Après avoir mentionné l'existence d'une compagnie de navigateurs parisiens (*nautae parisiaci*) sous Tibère, cet auteur dit en effet à la page 106 de son ouvrage : « Au milieu des révolutions sans nombre qui ont signalé les dix premiers siècles de notre ère, il est impossible de suivre les destinées de cette compagnie ; ce qui semble certain, c'est qu'elle ne cessa pas d'exister et que passant du monde ancien dans le monde moderne, elle reparut au milieu de la société chrétienne sous le titre de confrérie des Marchands de l'Eau. »

Investie de certains privilèges par Louis VI et Louis VII (1), la Marchandise ne tarda pas à prendre une grande importance, même au point de vue judiciaire. Comment ? C'est ce qu'il est assez délicat d'expliquer.

L'on se trouvait alors dans une période de l'histoire où, du plus petit au plus grand, chacun ne songeait qu'à empiéter. La Marchandise, qui n'était d'abord qu'une confrérie, agit comme les seigneurs féodaux au milieu desquels elle vivait. Profitant de l'obscurité de ses débuts, elle prétendit avoir obtenu jadis un droit de souveraineté sur le cours de la Seine et les terroirs immédiatement environnants depuis Auxerre jusqu'à Nantes. Ce droit, longtemps dénié et à juste titre, finit par être reconnu de Philippe-Auguste, désireux de témoigner aux Marchands de l'Eau sa gratitude pour le concours qu'ils lui avaient prêté dans la construction de l'enceinte bâtie autour de Paris en 1190 (2). Dès lors munie de titres authentiques, la Marchandise eut, comme toutes les autorités desquelles relevait un territoire au Moyen-Age, un pouvoir politique, un pouvoir administratif, un pouvoir judiciaire. C'est afin d'exercer ce dernier que les marchands qui la composaient, les membres de l'association, prirent l'habitude de se réunir en une maison située d'abord dans le quartier Saint-Jacques, ensuite près de la place de Grève (3), et qui donna son nom, le « Parloir aux Bourgeois » au tribunal qui y siégeait.

Dès l'origine et en raison même de son origine, la juridiction du Parloir aux Bourgeois se distingue donc par deux traits saillants : elle est corporative, elle est communale. Son premier magistrat, le Prévôt des Marchands, en même temps qu'il marche à la tête de tous ses confrères, est une sorte de maire de la ville et il est entouré

(1) Cf. les Chartes de 1121 et de 1170.
(2) Cf. Leroux de Lincy, *op. cit.*, p. 111.
(3) Cf. Leroux de Lincy, *op. cit.*, p. 7.

d'assesseurs, les échevins, qui, toutes différences gardées entre les institutions du passé et celles d'aujourd'hui, ressemblaient assez à des adjoints.

Nous nous permettons d'insister sur le double caractère corporatif et communal du Parloir aux Bourgeois, car il est, nous allons le voir, de la plus haute importance pour la solution d'un problème assez lestement résolu chez bien des auteurs : dans quelle mesure le Parloir aux Bourgeois peut-il être regardé comme une juridiction commerciale, quel est le degré de parenté qui existe entre lui et les premiers tribunaux consulaires français, ceux de 1563 ?

A cette importante question on a fait parfois des réponses qui auraient gagné, croyons-nous, à être accompagnées de certaines réserves, de certains tempéraments. M. Nouguier (1), MM. Gouget et Merger (2) par exemple rangent sans aucune hésitation le Parloir aux Bourgeois parmi les juridictions mercantiles.

Nous ne pouvons souscrire sans restriction à leur opinion. Evidemment on trouve bien dans le Parloir aux Bourgeois un élément, un modèle, peut-être même le germe de ce qui existera plus tard. Sans doute il lui arrivait de temps à autre de statuer commercialement. Mais c'était avant tout une juridiction corporative et de police. La Marchandise de l'Eau a des privilèges ; il faut qu'elle les défende. Ses associés sont soumis à des règlements établis dans l'intérêt commun ; ces règlements, il faut que les échevins, le prévôt les fassent respecter. La navigation de la Seine est régie par certains textes ; il faut que ces textes reçoivent leur application. De là une foule de décisions judiciaires rendues par le Parloir, qui frappe les contrevenants. Ces décisions ont trait au trafic par eau, mais elles n'y ont trait qu'indirectement. Ce n'est point, dans la plupart des

(1) Nouguier, *Des tribunaux de commerce*, t. I, p. 12.

(2) Gouget et Merger, *Dictionnaire de Droit commercial*. Article sur les tribunaux de commerce.

cas, parce que l'affaire est commerciale, que le prévôt en connaît, c'est parce qu'une disposition qui touche au bon ordre de la ville ou aux droits de la guilde a été violée.

Quelques médiévistes, parmi lesquels M. Leroux de Lincy (1), dans son savant ouvrage, ont publié des sentences rendues par le Parloir. En grande majorité, ces sentences sont relatives à des infractions ; elles ne terminent que rarement des procès entre marchands pour faits de marchandise.

M. Genevois, d'ailleurs, a émis contre la théorie qui consiste à faire descendre les juges consulaires du Parloir aux Bourgeois une objection qui nous semble décisive. Quand on créa ces derniers, on aurait pu rappeler le passé, modifier, étendre, ce qui existait déjà. « Cependant rien de semblable n'apparaît dans l'édit de 1563, qui fonde quelque chose de tout nouveau, sans faire aucune allusion, comme c'était pourtant la coutume, à ce qui fonctionnait précédemment (2). »

Concluons qu'on aurait tort d'accorder au Parloir aux Bourgeois une place importante parmi les juridictions qui, ayant précédé les juges consulaires, en ont préparé l'institution. Il offre, nous le reconnaissons, le spectacle de marchands élus par des marchands et jugeant des marchands, mais, en général, c'est contre la corporation, contre la cité, qui ont à obtenir réparation d'un préjudice dont la masse a souffert matériellement ou moralement, non contre un confrère, que le négociant assigné plaide sa cause. Le Parloir aux Bourgeois diffère donc singulièrement d'un tribunal exclusivement commercial et nous croyons être dans la vérité en disant même qu'il ne fut jamais commercial que par accident.

(1) Leroux de Lincy, *op. cit.*, appendice II.
(2) Genevois, *Histoire critique de la juridiction consulaire*, p. 51.

CHAPITRE III

LES GARDES DES FOIRES DE CHAMPAGNE ET DE BRIE.

Les diverses juridictions mercantiles que nous avons rencontrées jusqu'ici, ont grandi surtout grâce à l'activité persévérante des autorités communales. Tel n'est pas le cas des tribunaux de foires dont nous abordons maintenant l'examen. Ce qui prédomine dans l'organisation de ces tribunaux, c'est l'influence royale. On peut donner de ce fait deux explications, qui du reste ne s'excluent point.

D'abord, à partir du moment où la monarchie française eut triomphé des seigneurs, c'est-à-dire dès le XIVe siècle, ce fut elle qui concentra dans ses mains le droit d'autoriser la tenue des foires. L'article 12 d'une instruction en date du 8 mai 1372, pour la conservation des droits de souveraineté, de ressort et autres droits dans la ville et baronnie de Montpellier, cédées au roi de Navarre, ne laisse aucun doute à cet égard : « Au roy, y est-il dit, appartient seul et pour le tout en tout son royaume, et non à autre, à octroyer et ordonner toutes foires et tous marchés, et les allans, demourans et retournans sont en sa sauvegarde et protection (1). » A la vérité, nous voyons bien, de temps à autre, de simples princes du sang concéder des foires dans la province dont ils ont le gouvernement, mais ces concessions sont toujours suivies d'une confirmation royale, ce qui est une nouvelle preuve que le droit d'instituer les foires n'appartient qu'au souverain. Or, qui dit instituer, dit organiser. Les deux choses sont

(1) Ordonnances des rois de France, V, 477.

inséparables. Du moment où le roi avait le monopole de la concession des grands marchés, il devait évidemment passer en première ligne, quand il s'agissait de déterminer dans quelles conditions la justice s'y exercerait.

Une autre raison qui explique pourquoi l'action de la royauté a été prépondérante lors de la fondation des tribunaux de foire, c'est le caractère essentiellement international, cosmopolite des réunions commerciales telles que celles qui se tenaient dans la Champagne ou dans la Brie. Ce caractère ressort nettement du préambule de l'ordonnance du 6 août 1349 : « Les foires de Champagne, dit le roi Philippe de Valois, furent fondées et créées pour le bien et profit commun de tous pays, tant de nostre royaume comme dehors et furent assises et establies ès marches communes, pour tous les pays remplir et garnir de denrées et marchandises nécessaires. Et pour ce s'accordèrent et consentirent à la fondation, création et aux ordonnances et coustumes d'icelles foires, prélats, barons, chrestiens et mescreans, en eux soumettant à la jurisdiction d'icelles... »

L'internationalité admise, même hors des limites de la chrétienté, pour certaines foires françaises donnait une importance exceptionnelle (1) à celui des privilèges forains qui, en ces temps de routes peu sûres, avait le plus d'influence sur la prospérité d'une réunion commerciale, le conduit des foires (*conductus nundinarum*) assurant pour tout leur trajet d'aller et retour, aux marchands des contrées étrangères, une protection particulière. Les marchands auraient-ils eu confiance dans les promesses qui

(1) Rien ne saurait mieux démontrer l'exactitude de ce que nous avançons que le passage suivant extrait du cartulaire de Michel Caillot : « Le sire prend en son conduit tous les marchanz, les marchandises et toutes manières de gens venant à la foire, dès le premier jour qu'ils les menront de leurs hostels dès le soleil levant jusques au soleil couchant et leur doit rendre toutes leurs choses qu'ils perdront ou doit du chemin et promect à croire le perdeur, s'il est de bonne renommée, de sa perte par son serment et à paier... »

leur étaient faites, si le soin de maintenir le bon ordre, d'assurer une exacte justice, au lieu de revenir à des agents relevant directement du roi ou tout au moins d'un puissant seigneur comme le comte de Champagne, avait été abandonné à des autorités locales faibles et dépourvues de moyens de sanction ?

A côté de l'influence royale, dont l'importance en ce qui concerne le développement des juridictions foraines est capitale, il faut signaler une influence que nous avons déjà trouvée ailleurs et qui est ici accessoire : l'influence italienne.

De nombreux documents attestent que les Italiens se rendaient en foule soit aux foires de Champagne et de Brie, soit aux foires de Lyon. « Plus de trente négociants de la seule ville de Plaisance, dit M. Bourquelot (1), figurent nominativement dans une lettre par laquelle Geoffroy, abbé de Saint-Pierre de Lagny, annonce que ces étrangers ont choisi trois procureurs spéciaux, leurs compatriotes, pour les représenter auprès du comte de Champagne et traiter en leur nom avec ce prince. » Le registre de Champagne (2) mentionne une maison de Provins « *ubi vendunt Luquenses* ». Lorsque fut levé « l'ost de Flandre » en 1314, les Italiens contribuèrent au subside fourni au roi pour couvrir la dépense et « monta leur finance, porte un manuscrit (3), à 141 livres parisis ». En 1538 enfin, nous voyons que les membres du consulat lyonnais, sur l'injonction du roi, « dispensent de tous impôts et subsides les Florentins et les Lucquois fréquentant les foires de Lyon, mais non pas ceux qui sont natifs audit Lyon ou qui seront mariés ou y auront amené leurs femmes, ou qui y auront acquis héritages, lesquels auront part aux

(1) *Etudes sur les foires de Champagne*, p. 165.
(2) Cf. Brussel, *Usage général des fiefs*, t. I, p. 13.
(3) *Arch. nat.* Manuscrit 150 du fonds Notre-Dame.

honneurs d'icelle ville (1) ». Les relations entre l'Italie et la France étaient donc des plus suivies.

Or, les marchands italiens qui fréquentaient les foires françaises, avaient coutume de constituer des associations dont le siège se trouvait au centre même de leurs affaires. Ces associations particulières, qui jouissaient de certains privilèges, avaient à leur tête un *capitaneus* ou consul, généralement investi de prérogatives extrêmement étendues. Non seulement il tenait des *consules mercatorum* de la cité d'où il était venu, un pouvoir pénal, mais encore il était compétent chaque fois qu'il s'élevait un différend civil où se trouvaient exclusivement engagés des membres de l'association.

Outre le maintien du droit local quand les deux parties appartenaient à la nationalité italienne, ce qui caractérisait la juridiction du *capitaneus*, c'était la simplicité des débats, la rapidité avec laquelle les jugements étaient mis à exécution.

A cette simplicité, à cette rapidité de la justice qui s'était faite ambulante pour offrir aux plaideurs plus de commodités, le commerce italien devait une bonne part de sa prospérité. N'est-il pas légitime de supposer que la considération de tous les avantages qui découlaient du mode d'organisation adopté par les marchands italiens en voyage, a exercé une influence sur l'esprit de ceux qui avaient entre leurs mains la direction et la haute surveillance des foires? N'est-on pas dans la logique des probabilités en prétendant qu'il s'est produit, quand on a créé les tribunaux forains, ce qui arrive si souvent en matière d'institutions, un phénomène d'importation?

Un fait vient à l'appui de cette hypothèse : l'époque à laquelle les gardes des foires ont été établis, coïncide à peu près avec celle où les Italiens commencent à détenir le monopole du trafic international.

(1) *Archives de la ville de Lyon*, A. A., 151.

C'est en effet à l'année 1174 que remonte la première mention des *custodes nundinarum* existant aux foires de Champagne et de Brie. Dans une charte (1) de cette date, le comte Henri le Libéral prescrit aux gardes « de veiller à ce que personne ne se serve d'un autre poids que celui qui appartient à l'abbaye de St-Pierre-le-Vif, à Sens, de faire proclamer à cet égard un ban au commencement des foires et de punir les contrevenants ». Un peu plus tard, en 1190, nous voyons les gardes des foires fournir une redevance en vue d'acquitter une donation faite aux moines de Pontigny par un comte de Champagne parti pour la croisade.

A l'origine, les gardes des foires sont au nombre de trois. Plus tard, on les trouve réduits à deux. Dans les dernières années des foires de Champagne enfin, alors qu'elles sont déjà en décadence, c'est-à-dire à partir de 1360, il n'y a plus qu'un seul garde des foires.

Quelle était la durée des fonctions imparties aux *custodes nundinarum*? Le problème est assez délicat à résoudre?

D'une part, le nom d'un même garde ne revient guère, dans les documents qui nous sont parvenus, pendant plus d'une dizaine d'années consécutives. Il y a fréquemment des intervalles durant lesquels le mandat du garde paraît avoir été suspendu. L'on est porté à conclure de là que ce mandat, limité à un temps assez court, était soumis à un renouvellement périodique.

D'autre part, le recueil des *Olim* (2) contient un arrêt du Parlement de Paris rendu sous Philippe le Bel, en 1306, qui semblerait indiquer que les gardes avaient des pouvoirs permanents cessant, sauf le cas de révocation pour faute grave, seulement à leur mort. Cet arrêt, après avoir constaté qu'une discussion s'est élevée entre Huon de Chau-

(1) Voyez Bourquelot, *op. cit.*, p. 211. Cf. également pour le texte de la charte, Quantin, *Cartulaire général de l'Yonne*, t. II, p. 257.

(2) *Olim*, III, 207.

mont et Jean Chayne, tous deux *custodes nundinarum*, et après avoir condamné le premier de ces fonctionnaires coupable de dilapidation, se termine ainsi : « *Visa igitur et diligenter examinata inquesta praedicta, per curie nostre judicium, dictus Johannes a praedictis contra ipsum propositis fuit sentencialiter absolutus et ad praedictum officium custodie restitutus in eodem, quamdiu nobis placuerit, remansurus.* » En présence de renseignements aussi contradictoires, il est bien difficile, on en conviendra, de se former une opinion.

Le rôle considérable que jouaient les gardes des foires nous porte à croire que, dans les premiers temps, au XIIe et au XIIIe siècle, ils étaient nommés par les comtes de Champagne, qui avaient tout intérêt à les avoir sous leur dépendance directe. Néanmoins, nous ne possédons aucune donnée précise à cet égard.

Ce qu'il y a de certain, c'est que du jour où la Champagne et la Brie furent réunies (1) à la couronne de France, la désignation des *custodes nundinarum* appartint au Grand Conseil du royaume. On en trouve la preuve dans l'ordonnance du 23 mars 1302 (2), où Philippe le Bel s'exprimait dans les termes suivants : « *Volumus et ordinamus quod... custodes nundinarum Campanie eligantur et instituantur ex deliberatione magni consilii.* »

Ce mode de nomination subsista sans doute aussi longtemps que la charge de garde des foires de Champagne, car nous le retrouvons dans une ordonnance rendue par Charles VI en 1413 (3) : « Voulons et ordonnons, dit le roi, que quand les sièges de prévosté de Paris, des sénes-chaussées et bailliages, maîtrise des foires de Champaigne et autres notables offices de judicature de nostre royaume

(1) Cette réunion se produisit en 1285, à l'avènement de Philippe IV, qui avait épousé la princesse Jeanne, héritière des deux provinces.

(2) Ordonnances des rois de France, I, 360.

(3) Ordonnances des rois de France, X, 107.

vacqueront, il y soit pourveu de personnes notables, saiges expers et cognoissans au fait de justice, selon les lieux et pays où ils seront assis ; lesquelles personnes seront prinses par bonne élection, sans faveur ou acception de personnes, qui se fera en nostre Parlement, en la présence de nostre chancelier, appelez avec lui de ceux de nostre Grand Conseil. » L'unique innovation, on le voit, c'est qu'on exigeait désormais la présence du chancelier de France à l'élection.

Bien que cette prescription nouvelle n'ait trait qu'à une simple question de forme, elle ne manque pas néanmoins de signification. Elle suffirait à elle seule à nous montrer que le poste de conservateur des foires de Champagne comptait parmi les plus élevés et que les attributions de ce fonctionnaire devaient être extrêmement étendues. Les diverses chartes et ordonnances confirment d'ailleurs pleinement cette manière de voir. Le garde était le mandataire des gens du marché auprès du souverain. Leurs demandes, leurs vœux étaient transmis par ses soins. Il travaillait en tenant compte de leurs aspirations aux projets de réglementation des foires. A lui incombait le soin de solliciter l'avis des membres du Grand Conseil, quand le texte d'un édit royal relatif aux transactions commerciales donnait matière à controverse. « Si aucunes déclarations et interprétations estaient à faire pour le temps à venir..., porte l'ordonnance de 1349, nous voulons et ordonnons que nos amez et feaux, les gens de nostre secret conseil à Paris, à la requeste desdits gardes, les puissent faire et déclarer par toutes les voyes et manières que bon leur semblera à faire. »

Indirectement et accidentellement législateurs, les *custodes nundinarum* avaient pour tâche principale la haute direction de la police et l'administration de la justice foraine. Cette dernière partie de leur mission, seule, intéressant notre sujet, nous y arrivons immédiatement.

Comme juges, les gardes ont un rôle dont les limites sont très faciles à fixer tout au moins en théorie. Ils s'occupent de tout ce qui se passe à la foire entre gens de la foire. A eux appartiennent, d'après un mandement royal, « la jurisdiction, punition et connoissance en tous cas criminels et civils de tous les marchanz ou autres fréquentans les foires et de tous contracts faits et scellés en icelles et aussi de toutes roberyes, empeschements et destourdes et injures faites et dittes à aucuns marchanz ou autres personnes en venant aux dittes foires et en retournant d'icelles foires et au conduit en icelles, en quelque lieu et par quelque personne que ce soit... » A l'origine les gardes constituent donc un tribunal à la fois correctionnel, civil et commercial.

Mais d'ores et déjà, on peut deviner quelles sont, dans leurs attributions, celles qui ont une tendance à se développer au détriment des autres. Qu'on remarque avec quelle insistance le souverain s'attache, pour déterminer la compétence du tribunal, à la qualité des justiciables. Il faut qu'ils soient marchands ou tout au moins qu'ils viennent à la foire dans le but de trafiquer. Or, les négociants ont en général des mœurs paisibles ; les violences cadrent mal avec leur état. Ils n'ont guère besoin du magistrat sinon pour interpréter leurs contrats, fixer exactement les obligations qui en découlent, quand les termes sont obscurs. L'objet principal des délibérations des gardes, ce sera donc nécessairement les affaires de commerce.

La prédominance du caractère mercantile s'affirme d'ailleurs de plus en plus à chaque nouveau texte législatif. Qu'on lise l'ordonnance rendue par Philippe de Valois en 1349, c'est à peine si elle contient quelques allusions au rôle des gardes en tant que magistrats correctionnels. En revanche elle traite longuement des devoirs qui leur incombent et des pouvoirs qui leur sont dévolus comme magistrats commerciaux. Aux gardes revient exclusivement le soin de trancher en première instance les procès qui naissent à l'occasion de la foire. « Nous voulons et entendons que tous marchanz fréquentans les foires, porte l'ordonnance (1), soient subjects et justiciables desdits gardes, auxquels appartienne la cour, cognoissance et jurisdiction d'iceux marchans et fréquentans, des cas et contracts faits et advenus esdites foires et appartenances et dépendances d'iceux et non autres... »

Afin que la solution des litiges auxquels se trouvaient mêlés les négociants, ne souffrît aucun retard, l'un des gardes au moins était tenu de demeurer d'une manière continue et jusqu'à la fin des plaidoiries (2) à l'endroit où se tenait la foire. Pour le prononcé de la sentence, la présence des deux gardes était même nécessaire. Quand l'un d'eux se trouvait dans l'impossibilité de siéger et que l'une des parties attendant justice risquait de se trouver lésée par le fait de cette absence, le garde qui restait, était tenu de s'adjoindre soit le chancelier des foires (3), soit « une autre bonne personne suffisante et non suspecte ».

Des précautions multiples étaient prises dans le but d'assurer le service du tribunal, et des peines sévères frappaient les gardes qui remplissaient mal les devoirs de leur charge. L'article 32 de l'ordonnance de 1349 nous montre qu'on recourait parfois contre le magistrat répréhensible à la suppression de traitement : « Nous voulons et ordonnons, dit Philippe VI, que au cas que les gardes desdites foires ne feraient résidence suffisante en icelles... ils ne soient payez de leurs gages de la foire » et le roi ajoute : « car si ainsi n'estait, justice en pourrait dépérir et la juris-

(1) Cf. Isambert, t. IV, p. 554.

(2) Voyez Ordonnance de 1449, § 31.

(3) Cf. Ordonnance de 1349, § 32. Le chancelier des foires venait hiérarchiquement au premier rang après le garde. Il avait pour principale mission d'imprimer, par l'apposition du sceau, le caractère authentique aux actes rédigés en foire ou à l'occasion des foires.

diction d'icelle en pourrait appetisser et amoindrir et aussi que plusieurs personnes fréquentans lesdites foires en pourraient estre coustangez et endommagez... ». Si la royauté n'hésitait pas à employer une mesure aussi radicale vis-à-vis des gardes coupables de négligence, c'est surtout, on le voit, parce qu'elle comprenait combien il était indispensable d'assurer aux marchands une prompte justice.

Elle le comprenait à tel point qu'elle avait créé pour les tribunaux forains de Champagne et de Brie une procédure spéciale dont les traits caractéristiques étaient la simplicité et la rapidité. Le garde soumettait les parties à un interrogatoire sommaire. Se croyait-il suffisamment éclairé, il rendait sur le champ sa sentence ; dans le cas contraire, il se livrait à une enquête, qu'il n'avait pas grand' peine à conduire vite, puisque tous les éléments de la cause se trouvaient rassemblés autour de lui. A l'audience, il était absolument interdit aux plaideurs d'entrer dans des développements intempestifs et en particulier de se livrer à des discussions obscures et subtiles, plutôt théoriques que pratiques, de nature à embrouiller le procès.

Pouvait-on recourir au ministère d'un avocat ? L'ordonnance de 1349 (1) le permettait sans doute : « Nous voulons que tous deffendeurs, porte l'article 24, soyent receuz à plaider leurs causes par procuration, sans grâce en la cour des foires, si les cas ne désirent détention de corps, nonobstant coustumes à ce contraires... » Mais nous ne croyons pas qu'en fait les gardes autorisassent souvent leurs justiciables à charger un tiers étranger au litige, du soin de leur défense. Dans les pays de droit coutumier (2),

(1) Voyez Isambert, *op. cit.*, p. 554.

(2) Dans les pays de droit écrit, où l'on se conformait aux principes du Digeste, les plaideurs étaient admis à se faire représenter tant en demandant qu'en défendant ; mais tout procureur devait donner caution « que che il sires tiendroit che qui seroit fait ».

au nombre desquels figuraient la Champagne et la Brie, la comparution personnelle devant le juge, reconnue par la législation barbare, était encore en vigueur au XIIIe et au XIVe siècle, d'après la formule « Nul n'est ois par procureur ». Du moment où les plaideurs, aux termes des coutumes, n'avaient point le droit, quand il s'agissait d'affaires civiles tranchées par les juridictions ordinaires, de s'adresser à un avocat, il est fort probable qu'ils ne pouvaient davantage en user lorsqu'ils avaient un procès relevant du tribunal des gardes. Comment supposer en effet qu'une interdiction qui avait évidemment pour cause le désir d'abréger les débats, aurait été usitée partout, sauf dans les tribunaux qui devaient précisément statuer avec le plus de célérité ?

Si l'on avait admis les avocats, n'aurait-on pas d'ailleurs couru le risque de rendre inutiles toutes les précautions prises afin d'éviter les longueurs si vivement reprochées aux tribunaux ordinaires ? Or l'on sait combien ces précautions étaient multiples, minutieuses. Nous avons déjà parlé de la sobriété que les plaideurs devaient apporter dans leur défense. Les gardes des foires avaient en outre des pouvoirs très étendus pour les empêcher d'abuser des incidents et des exceptions. Un déclinatoire d'incompétence ou quelque autre moyen dilatoire venait-il à être proposé, les gardes jouissaient de la faculté de l'écarter sans débat contradictoire, en ne prenant conseil que de leur propre conscience.

Lorsqu'il y avait lieu de rendre un jugement interlocutoire, en particulier de statuer sur une demande d'enquête, le tribunal forain allait un peu moins vite en besogne. Les parties ne devaient être déboutées qu'après consultation « de six ou huit des plus suffisans de la foire, notaires ou autres sages accordans à ce qu'il soit bien de le faire et d'aller avant sur le principal, sans icelles parties recevoir en droict... ». Mais si elles n'obtenaient point gain de cause auprès des personnes chargées de conseiller le garde, le procès suivait son cours de même que s'il avait été question d'un dilatoire ou d'un déclinatoire, et, nonobstant appel, on passait à la discussion du principal (1).

Dans l'exécution comme dans la préparation de ses sentences, la cour des foires apportait une grande activité et disposait de puissants moyens pour aboutir vite.

Aussitôt rendu, le jugement était, par les soins d'un sergent des foires, signifié au débiteur. Quand celui-ci refusait d'obtempérer aux ordres qui lui étaient donnés, le garde adressait une plainte à la juridiction de laquelle relevait le récalcitrant.

Au cas où le justicier sollicité se montrait négligent ou refusait son concours, le sergent porteur du jugement constatait le fait dans un rapport. Immédiatement le garde menaçait le justicier d'interdire les foires de Champagne à ses subordonnés, s'il ne venait ou n'envoyait contredire le rapport du sergent à certain jour fixé. Cette nouvelle injonction restait-elle sans effet, au jour assigné, le garde rédigeait un acte appelé « attendue » où il était rappelé que le créancier avait vainement attendu la comparution du magistrat cité et la réponse au rapport. Les mesures de coercition suivaient de près. Le garde ordonnait la publication d'un mandement adressé au justicier rebelle et contenant l'exposé des griefs qui lui étaient imputés. Le mandement était accompagné d'une triple sommation.

Ces formalités remplies « l'on peult, dit le cartulaire de Michel Caillot, prendre et impétrer deffence contre icelle justice pour sa désobéissance, en laquelle seront escriptes toutes les rescriptions de la justice et récités tous les points en quoy elle a désobéi et toutes les sommations, et comment elle deust et peust avoir fait exécution et comment lesdits gardes, qui audit créancier ou complaignant droit requérant ne doivent deffaillir de droit, deffendent et in-

(1) Cf. Bourquelot, *op. cit.*, p. 217 et Isambert, *Anciennes lois françaises*, IV, p. 553 (ordonnance du 6 avril 1349, art. 23).

terdisent à icelle justice, à ses sujets et aux justiciables de sa juridiction et à leurs biens les foires, la terre et les mètes de Champagne et de Brye, desquelles foires il les fera sommer de esclarcir en ladite deffence, en laquelle deffence sera contenu que si elle quide que bon soit, elle face sçavoir à ses subjectz que, se gré n'est fais au plaintiz et ausdicts gardes de toutes les choses contenues en icelle deffence, ladite foire passée, si aulcuns d'eux ou de leurs biens purent estre trouvés esdites foires, terres et mètes de Champaigne et de Brye, puis ladicte foire esclarcie, ilz seront prins et arrestez et tant détenus prisonniers et de leurs biens exécutés tel sur tel que grès luy sera fait à plain de sa debte et despens de l'amende le roy... » Ainsi ce n'était pas seulement le débiteur réfractaire qui était mis à l'index et sur les biens duquel on avait le droit de courir sus, s'il osait revenir aux foires, mais même les marchands appartenant à la ville, à la province dont le magistrat avait refusé de seconder les gardes (1).

Et qu'on ne croie pas que le règlement qui autorisait de telles rigueurs n'était qu'un vain épouvantail! On l'appliquait de temps à autre aux sujets des plus puissants seigneurs. En l'an 1299, des négociants anglais s'étaient refusé à exécuter des obligations contractées aux foires et malgré les représentations des gardes, l'alderman de Londres n'avait point sévi ; durant plusieurs années, les marchands londoniens ne purent paraître sur les marchés champenois. En 1315, le duc de Lorraine, Frédéric IV, commit un déni de justice à l'égard d'un florentin qui avait à se plaindre de Lorrains fréquentant les foires. Comme il prétendait ne pas purger la condamnation à trois mille

(1) Remarquons une fois de plus quelle influence considérable les Italiens ont exercée sur les institutions juridiques des foires de Champagne. Ce que nous trouvons dans ces foires, n'est-ce point à peu près la reproduction de ce que nous avons rencontré précédemment à Florence et dans la plupart des villes italiennes, où les représailles furent si longtemps en honneur ?

livres d'amende qui lui avait été infligée pour ce fait par les gardes, ceux-ci ordonnèrent aux officiers de Champagne de saisir tout ce qui viendrait de Lorraine, marchands et marchandises, et l'interdit dura près de vingt ans (1).

La « défense des foires » était l'ultime ressource des gardes. Le plus souvent, ils n'avaient pas besoin d'en venir à cette extrémité, soit que le débiteur se soumît ou fût forcé de se soumettre par les autorités dont il relevait, soit que les sergents de la foire réussissent à trouver de quoi indemniser le créancier.

Quand on découvrait quelque bien appartenant à un individu qui négligeait ou refusait d'exécuter un jugement rendu contre lui par le garde, on procédait immédiatement à la saisie. Le mauvais payeur devait craindre d'autant plus la saisie que, du moins à partir de l'ordonnance de 1345 (2), il était très difficile de revenir après coup sur la vente qui la suivait, fût-ce avec la complicité de quelques-uns des tiers intéressés. Aux termes de cette ordonnance, nul habitant du royaume ne pouvait en effet être admis à réclamer contre une vente de biens appartenant à un débiteur, un an après la ratification de l'acte (3). La saisie constituait donc entre les mains des gardes une arme redoutable.

Ils en avaient une autre qui était peut-être encore plus efficace et dont ils ne se faisaient pas faute d'user : c'était le droit d'incarcération. Couramment, sur la simple requête d'un créancier qui ne parvenait point à obtenir satisfaction, les marchands appréhendaient des marchands du corps des foires et les conduisaient en prison. Ils n'en sortaient qu'après avoir payé et, s'ils venaient à s'échapper,

(1) Cf. Bourquelot, *op. cit.*, p. 180.

(2) Avant cette ordonnance on pouvait à toute époque demander l'annulation d'une vente sur saisie.

(3) Cf. Isambert, *op. cit.*, t. IV, p. 515. Pour les étrangers, le délai de réclamation durait deux ans.

le garde répondait personnellement du paiement de la dette (1).

On le voit, en même temps que la procédure des gardes était des plus rapides, elle était de nature à donner aux négociants honnêtes toute sécurité. Rigoureuse, brutale (2) même quelquefois, la justice mercantile en Champagne ne laissait rien passer à travers ses filets.

Le seul moyen efficace qu'avait le plaideur condamné (3) pour se soustraire, au moins temporairement, aux poursuites des gardes, c'était l'appel.

L'appel était d'abord interjeté devant la cour des Grands Jours de Troyes. L'organisation de cette cour était réglée par l'ordonnance du 23 mars 1302. Il y avait deux sessions annuelles qui suivaient les sessions du Parlement. La première commençait le lendemain des Brandons, c'est-à-dire le premier dimanche de carême, la seconde, le lendemain de l'Assomption. Quatre membres du Parlement étaient désignés à tour de rôle par le roi ou par les présidents pour faire partie des Grands Jours. Les autres commissaires étaient des prélats ou des barons. La cour était assistée d'un greffier, de notaires et quelquefois d'un protonotaire.

Nous possédons de nombreux jugements par appel des gardes de Champagne rendus par la cour des Grands Jours. Beaucoup sont relatifs à des affaires mercantiles, en particulier, à des contestations nées à l'occasion de dettes ayant une origine commerciale.

Quand la cour des Grands Jours avait prononcé son arrêt

(1) Cf. Registre des Grands Jours de Troyes, fol. 34 et 35.

(2) M. Bourquelot montre en plusieurs passages (et notamment *op. cit.*, 2e partie, p. 221) que les gardes exagéraient parfois leurs sévérités et provoquaient des plaintes violentes.

(3) Il ne s'agit ici, bien entendu, que du plaideur condamné sur le fond même du procès. Nous avons vu précédemment que, lorsqu'on interjetait appel d'un déclinatoire, d'un dilatoire ou d'un interlocutoire, les débats relatifs à la question principale n'en continuaient pas moins.

et que l'une des parties croyait son droit méconnu, une dernière voie de recours lui restait, l'appel au Parlement de Paris. Celui-ci occupait un rang supérieur aux Grands Jours comme les Grands Jours occupaient un rang supérieur au tribunal des gardes.

Ce fait a été contesté par M. Boutiot (1). D'après lui les Grands Jours et le Parlement ne connaissaient point successivement des mêmes affaires. C'étaient deux juridictions concurrentes, auxquelles on pouvait indifféremment s'adresser, lorsqu'on voulait obtenir la réformation d'une sentence des gardes.

A l'appui de son opinion, M. Boutiot observe qu'à plusieurs reprises des litiges dont les Grands Jours avaient été saisis et qui avaient été remis à une autre session ou étaient restés sans jugement, furent tranchés par le Parlement. Il argue aussi de deux lettres remontant à 1379 et à 1381, où les rois Charles V et Charles VI semblent mettre le Parlement et les Grands Jours sur le même plan.

Pour nous, ces raisons ne sont pas concluantes. Il est possible que le Parlement ait examiné quelques affaires réglées par les gardes en première instance, sans que ces affaires aient été l'objet d'une décision des Grands Jours. Mais la chose était rare et elle doit tenir à ce qu'on ne voulait point que certains gros commerçants souffrissent trop des retards habituels aux magistrats des Grands Jours, qui ne siégeaient pas longtemps et avaient à liquider quantité de procès.

D'autre part, nous croyons que le texte des deux lettres invoquées ne contient pas ce qu'on prétend en tirer. On lit dans la première lettre : « Karolus... dilectis et fidelibus presidentibus ac ceteris nostris gentibus parlamenti, dictum parlamentum tenentibus, aut qui dictum parlamentum seu dies nostros Trecenses proxime venturos tenebunt... salutem et dilectionem (2). » Ce passage prouve

(1) Boutiot, *Recherches sur les Grands Jours de Troyes.*

(2) Archives nationales, *Registre des Grands Jours de Troyes*, X, 10088. Année 1379.

simplement que le Parlement et les Grands Jours suivaient parfois des prescriptions communes, qu'en certaines circonstances, ils avaient les mêmes moyens d'action ; on ne saurait en conclure à une identité de compétence.

De même la deuxième lettre porte : « Karolus... cum ad instantiam religiosorum abbatis et conventus monasterii de Boulaincuria, Galcherius de Thorota, scutifer, fuisset in nostrâ parlamenti curiâ ad dies comitatus Campanie... adjornatus... (1) » Ne peut-on expliquer le texte de cette lettre en supposant que le demandeur s'étant adressé à tort au Parlement, celui-ci s'était déclaré incompétent et l'avait renvoyé devant les juges des Grands Jours, avec cette indication qu'il serait entendu par eux à leur plus prochaine session ?

Si les arguments fournis par M. Boutiot en faveur de sa théorie ne nous paraissent pas avoir grande valeur, en revanche il y a des faits et des documents qui confirment pleinement la théorie inverse. Les registres du Parlement mentionnent maints arrêts qui confirment ou infirment des jugements prononcés par les Grands Jours. Au recueil des *Olim* (2), en particulier, figure une sentence rendue par le Parlement où il est rappelé que les plaideurs Pierre Renuche, Lapprenier, etc., ont successivement comparu devant le tribunal des gardes et la cour de Troyes, avant de faire appel à Paris. Une autre décision citée par Du Cange (3) indique que certaines causes qui étaient de la compétence du Parlement, ne rentraient point dans celle des Grands Jours, que la seconde de ces juridictions, par conséquent, était inférieure à la première. De tout cela nous concluons qu'il y avait deux juridictions d'appel superposées qui connaissaient l'une après l'autre des causes primitivement examinées par les gardes (4).

(1) Arch. nat. *Reg. des Grands Jours*, X, 10088. Année 1381.

(2) Cf. *Olim*, t. III, p. 1211.

(3) *Glossaire*, article sur les *Dies magni Trecenses*, II, 848.

(4) Ce n'est pas la première fois que nous trouvons trois degrés de juri-

Tour à tour nous avons indiqué l'origine, décrit le fonctionnement, limité la zone d'action des juridictions commerciales champenoises. Il nous reste à dire par quelles vicissitudes elles ont passé. Leur sort fut le sort des foires elles-mêmes.

Celles-ci, après avoir été pendant plus de deux cents ans très florissantes, entrèrent vers le milieu du XIVe siècle dans une période de décadence. La répression excessive de l'usure, les mesures fiscales prises par les rois de France, notamment l'impôt sur les étoffes de laine, éloignèrent progressivement des grands marchés de Troyes, de Provins, de Bar-sur-Aube, les marchands étrangers. Les troubles intérieurs et l'invasion des Anglais achevèrent l'œuvre néfaste que des ordonnances maladroites avaient inaugurée. Vainement Charles VII, en 1429, accorda des franchises à la plupart des cités de Brie et de Champagne, où se tenaient les foires. Le centre du trafic s'était déjà déplacé.

Avec le déclin du commerce, les litiges devinrent naturellement de plus en plus rares et l'importance des gardes diminua. Alors qu'autrefois ils exerçaient au loin leur autorité, n'hésitant pas à instruire contre des personnages considérables, à soulever même des questions diplomatiques, ils tendirent chaque jour davantage à passer au rang de simples fonctionnaires locaux.

Leur vieux titre si respecté disparut pour faire place vers 1550 à celui plus pompeux de conservateur des foires de Champagne et de Brie. L'institution ne s'en porta pas mieux; tout au contraire. A la fin du XVIIe siècle (1),

diction en matière commerciale. Les tribunaux italiens, on s'en souvient, nous ont déjà fourni des exemples de ce fait.

(1) Le dernier conservateur des foires de Champagne dont l'histoire fasse mention est Guillaume Piéton. Il figure, avec sa qualité, sur les états des gages du roi Louis XIV pour la somme de cent livres. Cf. Bourquelot, *op. cit.*, 2e partie, p. 224.

on perd les dernières traces du tribunal, qui, si longtemps, avait puissamment contribué à la prospérité, à l'accroissement non seulement du commerce champenois, mais encore du commerce français.

Sans doute, quand on compare les gardes et les conservateurs des foires de Champagne aux magistrats consulaires d'aujourd'hui, on trouve qu'entre eux la distance est grande. Au XIIe et au XIIIe siècle, le principe électif n'est pas encore appliqué aux juges des marchands. Presque jamais le garde n'appartient à la même classe que ses justiciables : c'est en général un homme de condition plus élevée, un noble souvent, ne connaissant guère du commerce que ce qu'il en voit à son prétoire. Il n'en est pas moins vrai que la juridiction des gardes renferme le germe des futurs tribunaux consulaires. La procédure a déjà quelque chose de sommaire et, ce qu'il y a de plus important, la nécessité de soustraire les affaires commerciales au droit commun et à ses lenteurs est déjà officiellement reconnue et consacrée par les lois.

CHAPITRE IV

LA CONSERVATION DE LYON.

Au cours de l'étude que nous avons faite des tribunaux de foire, nous avons jusqu'ici complètement laissé de côté la juridiction lyonnaise. C'est à dessein. Elle ne saurait, à notre avis, être mise sur le même plan que les juridictions de la Champagne et de la Brie.

Nous ne voulons sans doute point dire par là qu'il n'y a aucune communauté d'origine et de développement entre les tribunaux mercantiles de Provins, de Troyes, de Bar-sur-Aube et celui de Lyon. Une cité si voisine des Alpes, placée à la jonction des diverses routes qui y aboutissaient, ne pouvait certes rester ignorante des mœurs commerciales de l'Italie. En raison de son importance, elle ne pouvait pas davantage échapper à l'influence royale. Mais, dans la Champagne et dans la Brie, la royauté et les Italiens ont seuls contribué à la création d'une juridiction spéciale aux marchands. A Lyon, nous verrons entrer en scène un élément nouveau, le conseil de la ville, le corps municipal, qui même, à un certain moment, arrivera à se confondre avec le tribunal qui était son œuvre (1). A un autre point de vue, le tribunal mercantile de Lyon, la Conservation, comme on l'appelait, se distingue des juridictions champenoises. La compétence a varié très notablement. D'abord limitée au trafic du marché, elle s'est élargie peu à peu jusqu'à embrasser des litiges qui n'y

(1) Par ce trait, la juridiction lyonnaise nous semble se rapprocher des juridictions commerciales allemandes, qui durent tant, à leurs débuts, au concours des autorités communales.

étaient pas nés. La Conservation de Lyon forme donc comme le trait d'union entre les juridictions foraines du Moyen-Age et les tribunaux de commerce des temps modernes. C'est une raison de plus pour que nous en fassions une étude séparée.

L'usage de tenir des foires périodiques remonte à Lyon au XIVe siècle, mais c'est seulement au début du XVe que les foires commencèrent à y jouir de la protection du roi de France. Charles VII n'étant encore que régent du royaume, accorda à Lyon, par lettres patentes du 4 février 1419, deux grandes foires par an. Louis XI, au mois de mars 1462, en établit quatre avec exemption du droit d'entrée et de sortie pour les marchands et les marchandises (1).

A les prendre dans leur ensemble, les privilèges des premières foires lyonnaises ne diffèrent guère de ceux des foires de Champagne et de Brie. L'on s'est quelquefois appuyé sur cette ressemblance pour essayer de démontrer que la juridiction mercantile à Lyon existait dès l'année 1349, époque à laquelle parut l'ordonnance qui, avec les privilèges des foires de Champagne, définit les fonctions de leurs tribunaux. M. Vincens, par exemple, dit : « Le plus ancien des tribunaux de commerçants qui existent encore en France est celui de Lyon appelé Conservation. Il remonte au moins au XIVe siècle (2)... » S'il faut en croire M. Vaesen, qui a dépouillé les archives de la ville, il y aurait là une grosse exagération et la création du conservateur ne serait pas antérieure à 1463 (3).

Néanmoins, même dans l'opinion de cet auteur l'ordonnance de 1349 garde encore une certaine importance pour l'histoire de la juridiction commerciale lyonnaise. C'est sous le régime de cette ordonnance que les marchands de

(1) Cf. Thaller, *Annales de droit commercial*, 1892, p. 204. Glasson, *Nouvelle revue historique*, 1897, n° 1, p 14.

(2) Vincens, *Législation commerciale*, t. I, p. 58.

(3) Vaesen, *La juridiction commerciale à Lyon sous l'ancien régime*, p. 5.

Lyon auraient vécu depuis l'établissement des foires, en 1420, jusqu'en 1463. De la sorte, le tribunal lyonnais, à l'origine, aurait été une simple reproduction des tribunaux que nous avons trouvés précédemment dans les villes de Brie et de Champagne.

Faute de documents, jusqu'à l'ordonnance de 1463, l'on est à peu près réduit à des conjectures. Cette ordonnance, en revanche, est des plus explicites : « Et pour ce que durant les foires, dit le roi Louis XI, se pourroient mouvoir questions et débatz entre noz officiers et les marchands qui fréquenteront lesdictes foires, comme de marchands à marchands et de partie à partie, nous, pour obvier auxdits débatz, questions et procez et y mectre brefve fin, avons ordonné et estably, ordonnons et establissons par ces dictes présentes, conservateur et gardien desdictes foires nostre baillif de Mâcon, seneschal de Lyon, ou son lieutenant présent et advenir, auquel nous avons donné et donnons par ces présentes pouvoir, authorité et commission de juger et déterminer sans longs procez et figures de plaids, appelez ceux qui seront à appeler, tous les débatz qui se pourraient mouvoir entre nos ditz officiers et les marchans fréquentans lesdictes foires et durant le temps d'icelles, ainsi qu'il verra estre à faire par raison. »

Ce texte nous autorise à regarder le sénéchal de Lyon, quand il agit en sa qualité de conservateur et gardien des foires, comme un juge de commerce, tout au moins dans certains cas (1). En effet, d'une part il connaît, à l'occasion, des contestations survenues entre marchands, et d'autre part, lorsqu'il en connaît, il est obligé de « mettre brefve fin » aux débats et de statuer « sans longs procez ni figures de plaids », ce qui est précisément la caractéristique de la procédure mercantile.

(1) Nous laissons de côté, bien entendu, les contestations entre les officiers du roi et les marchands fréquentant les foires. Quand le sénéchal s'en occupe, il ne fait pas œuvre de juge commercial.

A côté et au-dessous du sénéchal, une ordonnance un peu postérieure, celle du 29 avril 1464, établit d'autres magistrats commerciaux. Aux termes de cette ordonnance, « pouvoir et authorité étaient accordés aux conseillers de Lyon d'eslire et commectre auscun preud'homme suffisant et idoine, toutes fois que mestier sera, qui se prendra garde, durant lesdictes foires, qu'aucun sergent ne autre officier ne face auscune extorsion ou vexacion auxdicts marchans, et que de toutes les questions et débatz qui surviendront entre iceulx marchands, durant lesdictes foires et à cause d'icelles, ledit commis les appoincte et accorde amiablement, si faire se peut, ou sinon qu'il leur faille élire deux marchands non suspects ny favorables pour les appoincter, s'il est possible ; et s'ils ne les peuvent appoincter, ils les renverront devant le juge, auquel la congnoissance en devra appartenir et seront tenuz de certifier de ce qu'ilz en auront fait (1) ».

En somme, en 1464, alors que Lyon commence, selon toute apparence, à posséder, au point de vue commercial, une organisation différente de celle des foires de Champagne, nous constatons à la fois l'intervention de la royauté et celles du consulat lyonnais, c'est-à-dire des autorités municipales. Mais la royauté s'est adjugé la part du lion. Les arbitres institués par l'ordonnance de 1464 ne statuent que dans les cas les plus simples. Les attributions du prud'homme sont sans doute plus larges, ses pouvoirs sont plus étendus. Seulement ses décisions sont sujettes à appel et cela suffit à assurer la suprématie du sénéchal, qui, prononçant en dernier ressort, est toujours en mesure de faire triompher sa manière de voir.

Dans la pratique, le sénéchal ne jugeait jamais lui-même. Un si haut personnage estimait indigne de lui de s'abaisser jusqu'à entendre de simples marchands. Il délé-

(1) Isambert, *Anciennes lois françaises*, t. X, pp. 482 et 483.

guait donc ses attributions à un fonctionnaire subalterne qui prenait le titre de « lieutenant de monsieur le bailli ». De nombreuses pièces attestent l'existence de ce lieutenant, dès le milieu du XVe siècle (1). Citons entre autres une délibération du Consulat remontant au 15 janvier 1465 qui contient le passage suivant : « Les conseillers ont esté d'opinion que les lettres patentes du roy nostre sire, touchant la déclaration faicte par ledit seigneur de la perpétuité des foyres de ladite ville et deffense derechief faicte de non aller ès foires de Genève soient baillez et présentez au lieutenant de monsieur le bailli pour icelles faire présenter. »

Le lieutenant avait le plus souvent une instruction que son chef hiérarchique ne possédait point. La preuve, c'est que le corps municipal le chargeait d'ordinaire de la rédaction des mémoires qu'il adressait au souverain, quand celui-ci édictait une mesure qui paraissait contraire aux intérêts de la ville. Ainsi en 1466, par exemple, le roi ayant interdit d'importer aux foires d'autres espèces que celles venues sur navires français, les conseillers de Lyon

(1) M. Vaesen (*op. cit.*, p. 12), mentionne un document tiré des archives lyonnaises et portant la date du 8 avril 1461 dans lequel il est question « du lieutenant de monsieur le bailli juge et conservateur » de Lyon. Il fait suivre ce document des réflexions suivantes : « Le fait singulier que nous révèle ce texte, c'est que le conservateur existait en fait même avant l'ordonnance de 1463 et que, dès ce moment, c'était le lieutenant du bailli qui en exerçait les fonctions. » La lecture de ces lignes n'a pas été sans nous causer quelque surprise. L'auteur semble en effet contredire ce qu'il a avancé à la page 5 de son ouvrage, où il exprime l'opinion que, jusqu'en 1463, la justice a été rendue « aux foires de Lyon par un tribunal constitué comme celui des foires de Champagne... ». Pour nous, le conservateur auquel fait allusion la délibération de 1461 ne saurait être identifié avec le magistrat que nous trouvons quelques années plus tard au sommet de la juridiction consulaire lyonnaise. Pourvu d'attributions analogues à celles des gardes des foires de Champagne, ce conservateur, loin d'être un simple juge d'appel, devait connaître même des procès en première instance. S'il en était autrement, si le conservateur de 1461 était le même que celui de 1465, comment comprendre que le rédacteur de l'ordonnance de 1463 parle en innovateur, qu'il ne fasse aucune allusion au passé !

décident «que l'en aye mémoyre lesquelles escripra monsieur le lieutenant qui entent toute ceste matière (1) ». Certains lieutenants possédaient même le titre de docteur ès-lois : « Item ont esté d'accord les conseillers, porte une délibération du Consulat de 1467, que pour plusieurs escriptures, memoyres et autres services faiz par messire Jehan Grant, docteur en loys et lieutenant de monsieur le bailli à ladicte ville, et tant en fait de foyres que autrement, lui soit donnée la somme de vingts livres tournois. »

Le contraste frappant qui existait entre les lieutenants, pour la plupart actifs, éclairés et les sénéchaux peu instruits, dédaigneux d'ailleurs des hautes fonctions judiciaires qui leur avaient été attribuées en matière commerciale, devait fatalement amener tôt ou tard la réforme du régime adopté en 1463. Il y avait une idée extrêmement simple qui se présentait à l'esprit, c'était d'instituer un magistrat spécial dont on pourrait contrôler la science juridique en exigeant un diplôme et de confier à ce magistrat la connaissance des affaires commerciales préalablement retirée au sénéchal.

La réalisation de cette idée fut d'autant plus prompte qu'elle fut favorisée par les circonstances. En 1484, à la suite des Etats généraux de Tours, Lyon se trouva dépossédée de ses foires au profit de Bourges. Les foires supprimées, le sénéchal cessa du coup d'être juge de commerce. Quand, dix ans plus tard, elles reparurent, on se garda bien de lui rendre la mission judiciaire qu'il déléguait invariablement à un suppléant.

Mais on ne se borna point à cette réforme aussi naturelle que sage. La royauté avait exercé jusque-là, en ce qui concernait la nomination des magistrats commerciaux, une influence prépondérante, puisque c'était à elle que revenait le droit de désigner les plus élevés, les sénéchaux. Elle

(1) Cf. Vaesen, *op. cit.*, p. 12.

s'arrangea, lors de la réintégration des foires, de manière à avoir une influence exclusive. Le prud'homme et les deux arbitres disparurent ; seul le conservateur fut rétabli et sa charge fut désormais distincte de celle du sénéchal. Vers la fin du XVe siècle, les autorités municipales lyonnaises, qui tout d'abord avaient participé dans une certaine mesure à la nomination des juges de commerce, sont donc tout à coup mises à l'écart.

Cette sorte d'éclipse de l'influence municipale ne devait pas être de longue durée. Par un artifice très ingénieux les bourgeois lyonnais regagnèrent tout le terrain qu'ils avaient perdu. Ils renouèrent les liens qui les unissaient autrefois aux magistrats commerciaux et que la royauté avait rompus, en prenant l'habitude d'appeler le conservateur à faire partie du Consulat. Il y avait une grande habileté à agir ainsi. Le même personnage occupait deux postes. En réalisant la confusion des attributions, on préparait, dans un avenir plus ou moins lointain, la fusion des emplois.

Il faut reconnaître du reste que le Consulat procéda avec prudence et qu'il sut au début ne point trop laisser percer ses désirs d'annexion. Les prétentions des Lyonnais furent d'abord relativement modestes. Dans une « plaincte et doléance » de 1560, ils se contentent de solliciter du roi le rétablissement d'un état de choses analogue à celui qui avait pris fin en 1484. Ils demandent qu' « affin que les marchans fréquentans les foyres soient contraints se garder fidélité les ungs aux autres, quant quelque différent surviendra entre marchans fréquentans lesdictes foyres et pour faict de foyre soient tenuz de convenir de troys marchans pour vuyder ledit différent, au dire desquelz seront tenuz ester sans aultre forme ne teneur de procès suyvant l'édit du roy... »

Tous les efforts tentés afin d'obtenir la restauration des prud'hommes étant restés infructueux, les exigences, loin de cesser, croissent en importance. En 1569, des mémoires sont adressés au roi pour le supplier « de unir et joindre audict consulat et eschevinage dudict Lyon la jurisdiction de la Conservation des foyres (1) ». Douze ans plus tard, aux États généraux de Blois, il est donné lecture d'un cahier où les consuls-échevins lyonnais demandent la création de juges tels que ceux dont l'ordonnance de 1549 avait doté Toulouse.

Le Consulat ne se contente pas d'entasser requêtes sur requêtes : à l'occasion, il n'hésite pas à ruser avec la royauté. En 1581, la place de conservateur s'étant trouvée vacante à la suite de décès, le Consulat tente de faire reconnaître qu'il a le droit de présenter au roi un candidat. Comme base de leurs prétentions, les conseillers invoquent l'ordonnance du 29 avril 1464 aux termes de laquelle « le roy Loys unziesme leur a donné autorité et pouvoir d'eslire et nommer à Sa Majesté personnaige ydoine et cappable pour juge, gardien et conservateur des privilèges des dictes foyres, vaccation advenant... ». Ils se gardent bien de rappeler que « ce personnaige », du temps où il existait, n'a jamais eu, en tant que magistrat commercial, qu'un rôle de second ordre, très inférieur à celui qui revenait au sénéchal, dont la nomination réservée au roi, ne dépendait nullement du Consulat. Le malheur voulut que le roi flairât le piège qu'on lui tendait : il refusa d'agréer le candidat présenté par le Consulat.

Dans une autre occasion (2), Henri III témoigna meilleure volonté au Consulat lyonnais. Le conservateur, Nicolas de Chaponay « au lieu de prendre conseil et advis des marchans à ce cognoissans » s'était entouré « d'assesseurs, gens de robe longue et peu expérimentez au fait de marchandise, dont intervenaient plusieurs jugements nulz et qui contraignaient les parties à recourir à la voie d'appel ». Si nombreuses étaient les sentences réformées que

(1) Voyez Vaesen, *op. cit.*, p. 41, note 1.
(2) Cf. Vaesen, *op. cit.*, p. 44.

la situation commerciale de Lyon était devenue déplorable. Les marchands n'avaient plus le temps de s'occuper suffisamment de leurs affaires, retenus qu'ils étaient au tribunal ; les faillites se multipliaient. Le Consulat réclama et le roi, déférant à sa requête, ordonna dans un édit du mois de mai 1583 que « par chascun an, en tel jour que seroit advisé, les conseillers et eschevins de ladicte ville de Lyon adsistans avec eux quelques notables bourgeois et marchans tels qu'ils les vouldroient choisir, pourraient nommer et eslire deux notables marchans d'entre eulx ou qui l'auraient esté, pour estre assesseurs dudict juge conservateur ».

Cet édit eût réalisé un véritable progrès. Il ne fut jamais mis à exécution. Le conservateur était jaloux de maintenir intégralement toutes ses prérogatives. Il fit opposition à la décision royale. L'affaire arriva devant le Parlement de Paris. Tiraillé entre les marchands qui sollicitaient l'enregistrement de l'édit et le conservateur qui prétendait que les plus vieilles traditions allaient se trouver violées, le Parlement se décida par des considérations de personnes. Il se prononça en faveur du conservateur, homme de robe longue et débouta les marchands, dont l'intervention en matière judiciaire ne laissait pas de lui porter ombrage. Ainsi l'essai autorisé et patronné par Henri III ne put avoir lieu.

Ce fut grand dommage, car la tentative des Lyonnais était des plus méritoires et des plus intéressantes. Persuadés que les jugements devaient être également inspirés par un esprit juridique et par les besoins du commerce, dès le XVIe siècle, ils prétendaient en somme expérimenter le mode d'organisation judiciaire que les Allemands ont adopté seulement de nos jours (1). Le fait est curieux à constater.

(1) L'on sait quelle est actuellement l'organisation judiciaire de l'Allemagne au point de vue commercial. Elle est réglée par la loi du 30 jan-

Battues une fois de plus, les autorités municipales de Lyon ne désespérèrent pas du succès. Rien n'est plus admirable que leurs persévérants efforts, d'une part pour mettre la main sur la juridiction mercantile, d'autre part pour perfectionner à l'avance leur future conquête.

Quatre ans ne s'étaient pas écoulés depuis l'arrêt du Parlement de Paris que la campagne entreprise par le Consulat recommençait. Aux Etats généraux de 1588, les délégués lyonnais se plaignirent des lenteurs et des frais qui « mettaient les marchans fréquentans les foyres de Lyon en pire condition que les autres marchans du royaume... (1) ». Ils réclamèrent « que vaccation advenant à l'état de conservateur, il n'en fut plus pourveu que de gens de robbe courte, que toutes provisions obtenues au contraire fussent nulles et de nul effet et valleur, et cependant, attendant vaccation dudit estat, que ledit édit desdits assesseurs (2) fût entretenu selon la teneur, et deffenses faites au dit conservateur de s'entremettre par cy après, d'autres causes que de celles des marchans forains pour faict de foyres et payement destiné en foyre et à luy en-

vier 1877 en vigueur depuis le 1er octobre 1879. Aux termes de cette loi, il existe dans chaque Landgericht (tribunal civil de 1re instance) une ou plusieurs chambres spécialement chargées de trancher les procès commerciaux. Ces chambres (Kammern für Handelssachen) siègent fréquemment dans une autre ville que celle où le reste du tribunal a sa résidence; elles ont donc en réalité une vie propre. Chacune d'elles se compose d'un magistrat du tribunal, qui préside les séances, et de deux juges commerçants choisis par le gouvernement sur une liste en général dressée par la chambre de commerce locale. Avant la loi de 1877, il existait dans quelques Etats allemands des juridictions commerciales, qui, toutes aussi, présentaient comme trait caractéristique le mélange de l'élément judiciaire et de l'élément mercantile. En Bavière, par exemple, le tribunal se composait de trois magistrats et de deux commerçants ; à Brunswick, d'un magistrat et de deux commerçants.

(1) Cf. *Cahier des Etats-Généraux de* 1588.

(2) L'édit dont il est ici question est l'édit de Henri III demeuré sans résultat. On voit combien les magistrats urbains étaient tenaces, combien les arrêts mêmes du Parlement étaient impuissants à faire oublier aux marchands leurs vieux privilèges, presque tombés en désuétude.

joint les expédier sommairement, sans ministère d'avocat ny formalité de justice (1) ».

Au fond, les deux propositions que les représentants du Consulat formulèrent simultanément devant les Etats-Généraux revenaient sensiblement au même. Prescrire que le Conservateur serait un homme de robe courte ou lui adjoindre comme assesseurs deux négociants, cela aboutissait toujours à donner, dans le tribunal mercantile, la prépondérance aux commerçants ; c'était indirectement préparer une révolution dans la procédure de la Conservation et l'extension de sa compétence à tous les procès commerciaux. Sous des apparences modestes, la demande des Lyonnais était singulièrement hardie. On la jugea prématurée.

Nouvel effort pour provoquer une réforme, en 1610. Au cours d'un procès en règlement de juges survenu entre la sénéchaussée et le Conservateur, le Consulat, qui se considérait comme le futur héritier de ce dernier, réunit les principaux marchands de la ville, en vue de l'appuyer (2). La grande majorité de l'assemblée fut d'avis « que ce serait une grande utilité si le Consulat recherchait que la connaissance de la Conservation lui demeurât, car l'on plaiderait sans frais et sans ministère de procureurs ni d'avocats, ce qui serait un bien inestimable... ». Dans le but d'attribuer au prévôt des marchands et aux échevins la tâche des officiers de la Conservation, on parla très sérieusement de rembourser à ceux-ci le prix de leurs offices. L'adjonction au Conservateur, de deux assesseurs, fut également débattue et prônée à titre d'amélioration subsidiaire.

L'assemblée de 1610 n'eut pas de résultats pratiques directs, mais elle précipita l'évolution du tribunal de la Conservation. Les requêtes des marchands lyonnais furent dès

(1) Cf. Vaesen, *op. cit.* Pièce justificative, n° 5, p. 208.

(2) Cf. Vaesen, *op. cit.*, p. 60.

lors de plus en plus pressantes, de moins en moins espacées.

Lors de la réunion des Etats-Généraux de 1614, ils demandèrent à « estre despéchés sur le champ et sans forme ny figure de procès ». Leur cahier concluait « à ce que l'office de Conservateur demeurât supprimé par mort, pour, ce fait, la jurisdiction des foires estre réglée suivant la jurisdiction des marchans de Paris, et que cependant fussent les causes expédiées en ladicte jurisdiction, sommairement, sans ministère d'advocatz, ny procureurs, ny formalité de justice, ainsy que esdictes jurisdictions et bourses de Paris, Rouen et Thoulouse » (1).

Qu'on le remarque ! Le but poursuivi est invariable. C'est le perfectionnement de la Conservation joint à l'effacement du Conservateur, dont l'ambition et la jalousie font obstacle à l'ingérence des autorités urbaines dans les litiges commerciaux.

Une fois de plus, les desiderata du Consulat percent à travers les décisions prises par l'assemblée des notables marchands tenue le 22 octobre 1615, à la suite du décès du Conservateur. « Ce faict a esté arresté et conclud, porte le registre des délibérations du conseil de la ville, de rechercher les moyens pour pouvoir trouver fonds, pour rembourser tous les héritiers dudit feu sieur Conservateur, que fournir aux fraiz nécessaires en court, pour obtenir de Sa Majesté à ce que ladicte charge soit exercée par marchandz, suivant l'élection qui en sera faicte en l'assemblée, qui sera convoquée en l'hostel de ville, par lesdits sieurs prévost des marchands et eschevins avec les mesmes pouvoirs, jurisdictions et authorités qu'ont eus les Conservateurs des foires ; et que la justice y soit cy après faicte sommairement et sans fraiz, suivant l'ancienne institution, et que pour recueillir les offres faictz en ladite

(1) Cf. Vaesen, *op. cit.*, p. 63.

assemblée et trouver fondz nécessaires aux fins que dessus seroient députés par le Consulat quatre notables marchandz du costé de Fourvière et aultant du costé de Saint-Nizier (1) ».

Tant de conciliabules, tant de vœux, tant d'essais suspendus aussitôt que préparés devaient finir par être suivis d'une tentative heureuse : la persévérance triomphe des plus solides obstacles. En 1655, le Consulat, ayant racheté les divers offices de la Conservation, décida de présenter au roi un mémoire à l'effet d'obtenir qu'on le rendît maître de cette juridiction. L'autorité de Louis XIV était trop bien établie pour qu'il eût à craindre, en accédant au désir qui lui était exprimé, de réveiller chez les Lyonnais l'esprit d'indépendance (2). Il répondit donc favorablement et fit paraître au mois de mai 1655 un édit qui consommait la réunion de la Conservation au Consulat.

Cet édit fixait à onze, le nombre des juges de la Conservation. Le prévôt des marchands et les quatre échevins en étaient membres de droit. Six autres juges pris parmi les marchands ou les ex-consuls et renouvelables par moitié tous les ans complétaient le tribunal. Deux de ces juges étaient nommés par le roi, les quatre autres par le Consulat.

La présidence appartenait au prévôt des marchands. Seulement l'instruction et la direction des débats ne rentraient point toujours dans les attributions présidentielles. Le degré d'instruction du prévôt était pris en considération. S'il était gradué, la direction du procès avant et pendant l'audience ne pouvait lui être enlevée. S'il ne l'é-

(1) Voyez Vaesen, *op. cit.*, Pièce justificative, n° 10, p. 253.

(2) D'ailleurs, depuis le commencement du XVIIe siècle, le roi avait pris l'habitude de désigner les personnes parmi lesquelles il lui était agréable de voir choisir les échevins. Il n'y avait donc guère de chances pour que le Consulat cherchât à contrecarrer les volontés royales. Cf. Vaesen, *op. cit.*, p. 62.

tait point et qu'un échevin le fût, elle revenait à l'échevin. Au cas où ni le prévôt des marchands, ni aucun des échevins n'était gradué, on devait recourir, pour « présider, instruire et juger conjointement avec les autres juges » à un officier du Présidial. Les fonctions de cet officier étaient limitées à une seule année, afin qu'un échevin gradué venant à être nommé membre de la Conservation, elle ne fût pas obligée de continuer trop longtemps à user des services d'un fonctionnaire qui lui était étranger.

Ainsi établie, l'organisation de la Conservation était désormais définitive. Si l'on néglige quelques modifications assez minimes (1), elle devait demeurer invariable jusqu'à la disparition même du célèbre tribunal lyonnais (2).

On remarquera combien la participation des marchands à la désignation de leurs juges s'est accrue au moment où la Conservation parvint à son complet épanouissement. A l'origine, le roi nommait soit le magistrat le plus élevé en grade, soit même l'unique magistrat de la juridiction. A partir de 1653, il ne nomme plus que deux juges sur treize et la réunion de la Conservation au Consulat coïncide avec un progrès considérable du principe électif.

Sans doute, les efforts de la municipalité lyonnaise ont contribué largement, on ne peut le nier, au changement du mode de nomination des juges, mais ce changement est dû surtout, suivant nous, à la transformation complète des conditions dans lesquelles s'effectuait le commerce. A mesure que la civilisation rendait les communications

(1) La principale de ces modifications fut celle qui résulta d'un arrêt en règlement de juridiction rendu le 23 décembre 1668 à la suite d'un conflit entre le Présidial et la Conservation. Cet arrêt supprima l'office de procureur près la Conservation que l'édit de 1655 laissait subsister et les parties durent dès lors « comparoitre en personne pour estre ouïes par leur bouche ».

(2) La Conservation de Lyon subsista jusqu'à la Révolution. Elle fut supprimée seulement par un décret du 27 mai 1791.

plus faciles, que la sécurité augmentait, la protection de la royauté était moins nécessaire aux marchands qui fréquentaient le marché. Comme conséquence, la mission protectrice qu'avait assumée le roi, perdit de son importance, sa responsabilité diminua et par suite son intervention dans le choix des magistrats chargés d'empêcher et de réprimer toute violation du droit en matière de commerce, devint de moins en moins rationnelle. Il arriva un jour où elle le fut si peu que le roi n'hésita pas à se dépouiller lui-même au profit des marchands, plus aptes que ses officiers à comprendre les besoins du trafic. Ce jour-là, l'organisation du tribunal lyonnais se modernisa.

La compétence de la Conservation a, comme son organisation, subi de nombreuses et profondes variations en étroite connexion avec les progrès du commerce.

Primitivement, en dehors des endroits où se tenait le marché, des périodes où il avait lieu, les négociants ne concluaient aucune affaire importante. Aussi la juridiction du Conservateur fut-elle d'abord essentiellement foraine. Elle ne statuait, lors de son apparition, que sur des questions commerciales soulevées pendant les foires et à leur occasion. Quand la foire se terminait, le tribunal fermait ses portes. Il ne consentait à entendre que les marchands fréquentant les foires.

Tous ces points sont attestés par les premiers textes relatifs à la Conservation. L'ordonnance du 8 août 1463 par exemple porte : « Et pour ce que durant lesdites foires se pourroient mouvoir questions et débatz... de marchands à marchands... ordonnons et establissons par ces dictes présentes, conservateur et gardien des dictes foires nostre baillif de Mascon, seneschal de Lyon ou son lieutenant présent et advenir... »

D'un autre côté, Louis XI prescrit relativement « au prud'homme suffisant et idoine » destiné à seconder le Conservateur « qu'il prendra garde, lesdictes foires durant, qu'aucun sergent ne face extortion ou vexation ausdits marchands » et le roi veut que « de toutes les questions et débatz qui surviendront entre iceux marchands, durant lesdictes foires et à cause d'icelles, ledict commis appoincte et accorde amiablement, si faire le peut, ou sinon qu'il leur face élire deux marchands non suspects ni favorables pour les appoincter (1) ».

On voit comme la compétence de la Conservation était à l'origine, soigneusement, minutieusement bornée. Un jurisconsulte du XVIe siècle a pu donner du Conservateur la définition suivante : « *Judex qui de nundinarum jure, de mercatorum litibus et de omnibus negotiis, quæ quoquo modo emporii illius negotiationes spectant, cognoscit* (2). »

De ce que le Conservateur avait d'abord exclusivement à statuer sur ce qui se rattachait aux foires, il ne faudrait point déduire que sa tâche était médiocre et sa compétence dérisoire. L'on aurait quelque peine à trouver un type de contrat commercial dont les foires ne fournissent pas de multiples exemples. Là, se traitaient la plupart des grosses affaires, pour lesquelles on recourait si souvent aux capitaux des banquiers italiens, hôtes assidus et réguliers de la ville. Lyon fut un moment la première cité de France pour le commerce international. Les procès ayant toujours une importance proportionnée à celle des transactions, le Conservateur était loin de chômer, d'autant que s'il ne connaissait que des faits de foire, il en connaissait seul, à l'exclusion de tous autres juges.

Longtemps, la compétence de la Conservation resta telle que l'ordonnance de 1463 l'avait déterminée. Deux documents où il est question de la juridiction commerciale lyonnaise, un édit de François Ier, de février 1536 (3) et

(1) Voyez l'ordonnance du 29 avril 1464.

(2) Cf. Anne Robert, *Rerum judicatarum.*

(3) François Ier déclare que « le conservateur a esté estably et statué pour, en suivant l'estat de son office, connoistre les débatz, questions et

un arrêt du Conseil privé du 15 septembre 1542 (1) se bornent à reproduire, en les précisant, les dispositions arrêtées par Louis XI.

Mais, dans la deuxième moitié du XVIe siècle, à une époque difficile à préciser, un changement s'opéra. Il s'accuse pour la première fois dans l'édit de mai 1594. Au lieu de stipuler, comme les textes précédents, que le Conservateur examinera tous les litiges nés pendant la foire et ces litiges seuls, cet édit porte simplement que, par les soins de la Conservation « seront tranchés les faits de societez, changes, voitures, négoces et marchandises et tout ce qui en dépend ». Le mot de foire n'est pas prononcé. Si l'oubli n'était pas intentionnel, il était, on en conviendra, assez singulier et fort imprudent. Le tribunal lyonnais n'avait qu'à s'autoriser du silence de la loi pour augmenter considérablement le nombre des cas qui devaient lui être soumis.

Il est probable qu'il n'y manqua pas, car les lettres royales du 2 décembre 1602 nous montrent la compétence de la Conservation absolument modifiée. Aux termes de ces lettres, le Conservateur « est maintenu et gardé dans son office pour connoistre des debtes faites pour raison de marchandises ou autres faits de foires audit Lyon, et procéder contre les débiteurs, leurs facteurs et négotiateurs obligez pour le fait desdites foires par sentences, exécution de garnison et consignation desdites debtes en la manière accoustumée suivant nos dits édits et ordonnances, et avoir aussi connaissonce des compagnies d'entre lesdits marchands fréquentans lesdites foires et négo-

procez qui seroient meuz entre tous les marchands fréquentans lesdictes foires, pour faict de marchandises ou autre faict de foires. »

(1) Aux termes de cet arrêt, le Conservateur doit avoir la connaissance « de tous procez et différends dépendant des contrats, obligations, cédules, promesses, pactes et négociations faites entre les marchands fréquentant les foires et promises payer ès foires ou aux payemens d'icelles et pour faits concernant lesdictes foires ».

tiations des particuliers faites pour raison desdites marchandises et debtes, des abus, malversations, vols, fraudes, banqueroutes, atermoyemens volontaires, desconfitures, contraintes, criées, subhastations, voitures, courratages, manufactures asseuretez, parties et toutes autres affaires dépendantes du négoce en ladite ville, soit en gros ou détail, tant en foires que hors foires... » Qui ne sentira l'importance de ces derniers mots venant à la suite d'une énumération dans laquelle aucun fait de commerce ou peu s'en faut n'était omis? Il y avait là toute une révolution.

La Conservation ne possédait plus désormais une compétence restreinte à certaines affaires mercantiles, à certaines périodes de l'année. Cette compétence devenait permanente, générale. La juridiction lyonnaise, tout au moins en ce qui concernait son ressort, son champ d'action, s'élevait du rang de tribunal forain au rang de tribunal consulaire.

C'est si vrai que le Parlement de Paris, dans un arrêt du 7 septembre 1610, où il reconnaissait l'extension prise par la Conservation en 1602, traite le conservateur sur le même pied que les juges-consuls nouvellement créés : « Ordonnons, porte cet arrêt, que ledit juge connoîtra aussi les différens entre marchans pour fait de marchandise, comme les autres juges consuls du royaume, et que, comme eux, il ne pourra toutefois connoître des différens pour le fait de marchandise entre autres que marchans, encore qu'ils aient volontairement procédé devant lui. » L'assimilation est-elle assez claire ?

Ainsi, au début du XVIIe siècle (1), la juridiction lyon-

(1) Si nous n'étudions pas les variations subies par la compétence de la Conservation au delà de 1610, c'est afin de rester dans les limites de notre sujet. Le seul texte important qui soit postérieur à ceux que nous avons cités est l'édit de juillet 1669. On trouvera le détail de ses dispositions dans l'ouvrage de M. Vaesen, p. 108. Bornons-nous à rappeler qu'aux termes de cet édit, la Conservation avait désormais la connaissance et l'exécution

naise a une compétence qui ne le cède en rien pour l'étendue et pour la durée à celle d'un tribunal consulaire. En outre, la plupart de ses juges, nous l'avons vu, ne vont pas tarder à être choisis à l'élection par les marchands et parmi les marchands.

Et cependant, à première vue, la Conservation semble passablement différente d'un tribunal consulaire ! Qu'y a-t-il donc alors dans cette institution qui choque l'esprit commercial ? La procédure.

La procédure du tribunal lyonnais, du moins à l'époque où nous nous plaçons, manquait de la simplicité, de la brièveté qui sont si nécessaires au négoce pour qu'il ne se trouve pas à chaque instant arrêté et paralysé. En veut-on des exemples ? La Conservation admettait trois défauts (1) : le défaut faute de constituer avoué, le défaut faute de comparaître, le défaut faute de conclure. Eh bien ! le profit des deux premiers défauts pouvait seulement être adjugé lorsque trois assignations successives, lancées au moins à huit jours d'intervalle, étaient demeurées infructueuses. Une fois en présence, les parties avaient encore la ressource, pour faire traîner le procès, d'échanger deux fois des réponses (2) et de solliciter des nominations d'experts. Et nous ne parlons pas des exceptions, admises en droit, mais le plus souvent repoussées en fait (3) ! Tant de formalités, tant de longueurs ne rentrent guère, il faut l'avouer, dans les usages d'une juridiction commerciale, telle qu'on se la figure idéalement.

Y a-t-il là néanmoins matière à une objection suffisante, pour que nous nous refusions à voir dans la Conservation, le trait d'union des juridictions foraines avec les tribunaux

de ses jugements et qu'elle jugeait en dernier ressort jusqu'à la somme de 500 livres tournois.

(1) Cf. Vaesen, *op. cit.*, p. 174.

(2) Cf. Vaesen, *op. cit.*, p. 176.

(3) Cf. Vaesen, *op. cit.*, p. 176.

consulaires? Nous ne le pensons pas, et voici pourquoi. La Conservation ne fut pas toujours aussi paperassière. Durant ses premières années d'existence, alors que les hommes de robe longue n'avaient point encore exercé sur elle leur néfaste influence, les procès s'y jugeaient sommairement, promptement. La preuve s'en trouve dans le texte de l'ordonnance de 1462 qui donnait au Conservateur « authorité et commission de juger et déterminer sans longs procès et figures de plaids... (1) ». Au XVIe siècle donc, si la procédure en vigueur à la Conservation n'était point à imiter, du moins son ancienne procédure constituait un utile modèle. On voit qu'on aurait tort d'attacher trop d'importance à l'anomalie, qui, après coup, la défigura.

L'objection qui seule pouvait nous détourner de donner à la Conservation la place historique qu'elle mérite, étant ainsi écartée, qu'on songe combien d'idées fécondes, prêtes à être utilisées, quelquefois même en cours d'expérience, fourmillaient au XVIe siècle dans les innombrables vœux rédigés par les Lyonnais à l'occasion de leur célèbre juridiction. Qu'on réfléchisse aux progrès considérables qu'elle réalisait déjà par rapport à la plupart des cours foraines, quand parut l'édit de Charles IX sur la magistrature consulaire à Paris. Il n'en faut pas plus, croyons-nous, pour se convaincre, que l'Hôpital et ses conseillers, les vrais créateurs des tribunaux de commerce d'aujourd'hui, ont dû largement s'inspirer de l'exemple que leur fournissait la Conservation, cette institution aux origines plus que modestes, si vite parvenue à un degré de perfection qui étonne pour son temps.

(1) Cf. Vaesen, *op. cit.*, p. 172.

CHAPITRE V

LA CRÉATION DES JUGES-CONSULS.

L'étude de la Conservation de Lyon nous a montré la parenté indéniable des juridictions foraines et des tribunaux de commerce modernes. Nous avons observé que, lorsque le tribunal lyonnais, d'abord limité à la place et au temps de la foire, avait pris un développement plus considérable, on avait continué à s'adresser aux magistrats, qui, au début, tranchaient exclusivement les litiges nés à l'occasion du marché. La compétence de ces magistrats s'était ainsi peu à peu élargie. Grâce à d'habiles détours du législateur, quelquefois aussi par d'audacieux empiétements, ils avaient réussi à englober dans leur domaine la plupart des causes non foraines qui avaient un objet commercial. En même temps, le souvenir de leur origine s'était progressivement affaibli. Le roi à qui, en sa qualité de gardien de l'ordre et de haut protecteur du négoce, revenait d'abord le soin de les désigner, avait perdu à peu près entièrement son droit de nomination réservé désormais, du moins pour la plupart des sièges, aux marchands eux-mêmes. Bref, avons-nous vu, le caractère de la Conservation, si analogue primitivement à celui du tribunal des gardes de Champagne, s'était finalement transformé au point d'être méconnaissable.

Nous avons tenu à suivre jusqu'au bout l'évolution de la Conservation, car ce tribunal constitue à nos yeux le lien entre la justice commerciale du commencement du Moyen-Age et celle des temps les plus rapprochés de nous.

Mais nous avons été ainsi entraîné jusqu'au début du règne de Louis XIV. Les premiers magistrats qui ont porté le titre de juges consulaires ayant été créés par un édit de novembre 1563, il nous faut donc faire maintenant un retour en arrière.

Vers le milieu du XVIe siècle, on commença à s'apercevoir en France que, d'une façon générale, les institutions judiciaires ne répondaient plus aux besoins du commerce. A la suite des grandes découvertes scientifiques et industrielles, de l'invention de la boussole, de l'exploration du Nouveau-Monde, la vieille société mercantile s'était métamorphosée. Le champ des transactions avait pris une extension considérable. Tandis qu'autrefois les pays voisins seuls échangeaient leurs produits, les matières premières et les objets manufacturés de l'univers entier paraissaient maintenant sur les marchés de la France, mieux placée au point de vue géographique que n'importe quelle nation, pour recueillir les profits de la révolution qui s'était opérée dans le trafic. Terrestre et presque limité aux frontières à l'époque des foires de Champagne, le commerce était devenu surtout maritime et international. Les transactions étaient plus rapides ; elles portaient sur de plus gros chiffres. Bref l'allure des affaires avait changé et, avec elle, les conditions nécessaires à leur prospérité.

Sous le règne de saint Louis, de Philippe le Bel et des premiers Valois, les autorités royales se bornaient à défendre les commerçants et leurs marchandises contre les exactions seigneuriales, contre les attaques à main armée des détrousseurs de grand chemin. La sécurité matérielle suffisait alors ; elle ne suffisait point désormais. Il fallait qu'il s'y ajoutât la sécurité morale, celle qui résulte de la certitude où l'on est d'obtenir sans délai gain de cause, quand on a de son côté le bon droit. Les négociants rencontrant à chaque instant des occasions d'utiliser fructueusement leurs capitaux, plus que jamais il importait que les rentrées de fonds s'effectuassent régulièrement et, pour cela, que l'exécution des engagements contractés par le débiteur fût garantie par une justice sûre, expéditive, facilement abordable.

En était-il ainsi ? Les tribunaux devant lesquels comparaissaient les marchands, à l'époque où le commerce venait de prendre le brusque développement dont nous avons parlé, avaient-ils en général les qualités nécessaires, se montraient-ils à la hauteur de leur tâche? On va voir qu'au contraire l'organisation judiciaire était des plus défectueuses.

Avant même que l'instance fût entamée, le négociant lésé se heurtait à un écueil, qui parfois l'arrêtait net. Où porter ses doléances, quelle juridiction saisir ? La question souvent ne laissait pas d'être délicate et embarrassante. De tout temps, le droit de rendre la justice ou de déléguer à quelqu'un le soin de la rendre a fait partie des attributs de la souveraineté. Or, au Moyen-Age, le souverain n'était pas unique. Chaque lambeau de terre en avait plusieurs superposés.

En haut de l'échelle sociale, dominant tous les détenteurs de fiefs, se trouvait le roi. Partout où il le croyait utile, il envoyait un officier chargé d'entendre les parties et de prononcer des arrêts en son nom.

Cet officier, qui portait le nom de bailli ou de sénéchal, avait dans les représentants des seigneurs, de sérieux concurrents. C'était à qui des juridictions royales ou des juridictions seigneuriales accaparerait les affaires ; chacun tirait de son côté, au grand dommage des plaideurs.

Au XVIe siècle, le mal s'aggrava encore. Les baillis et les sénéchaux ne pouvant suffire à leur besogne, Henri II, par un édit de 1551, institua des magistrats investis d'attributions purement judiciaires, qui composèrent les présidiaux. La pensée était bonne ; seulement, le roi eut le tort de n'abolir aucun des tribunaux qui avaient fonctionné jusque-là. Dès lors, le chaos fut tel qu'il devint fort difficile de se débrouiller.

Fréquemment l'infortuné marchand hésitait entre le prévôt, le bailli, le présidial et le délégué du seigneur. Et encore nous ne parlons pas de la justice ecclésiastique, celle de l'université, celle des communes, celle des conservateurs des foires, qui intervenaient parfois de la façon la plus imprévue dans des affaires mercantiles qui semblaient *à priori* devoir leur échapper. « Tout procès de quelque importance, a dit fort justement M. Meyer (1), était promené de siège en siège, ballotté par des demandes de renvoi et des incompétences perpétuelles, et nécessitait souvent l'intervention du roi pour terminer par un coup d'autorité, par une évocation ou autre arrêt du conseil, des questions insolubles d'après les coutumes qui servaient de lois ». Le manque absolu d'unité qui déparait alors l'organisation judiciaire constituait donc un sérieux obstacle au développement du commerce.

Ce n'était malheureusement pas le seul. Les lois, les coutumes, variaient avec chaque province. Il en résultait qu'à tout moment les contrats passés entre marchands n'appartenant pas à la même localité étaient l'objet d'interprétations différentes suivant les lieux. Le droit n'ayant pas de base fixe, les commerçants véreux mettaient à profit ses fluctuations et, de la sorte, les conflits se multipliaient.

Une fois engagés, les procès étaient interminables. Les légistes, qui avaient réussi à prendre dans beaucoup de tribunaux, la place des seigneurs ignorants, avaient toujours la crainte d'être délogés de leurs postes rémunérateurs. Aussi s'ingéniaient-ils à augmenter le nombre des subtilités juridiques, en vue de rendre leur concours indispensable. De là, des complications qui rendaient la pro-

(1) Meyer, *Esprit, origine et progrès des institutions judiciaires des principaux pays de l'Europe*, t. II, p. 451.

cédure inextricable et allongeaient les débats d'une façon démesurée.

Enfin les magistrats, qui se faisaient largement rétribuer par les plaideurs, loin d'apporter à l'examen des litiges une activité en rapport avec leurs honoraires, montraient une négligence tellement remarquable, qu'il n'était pas rare que le roi les menaçât de la perte de leur office.

Seuls, les Parlements exerçaient dignement la mission qui leur avait été confiée, mais la plupart des affaires n'arrivait point jusqu'à ces cours souveraines et d'ailleurs, quand elles y arrivaient, les intéressés avaient déjà souffert tant de retards, acquitté des frais si lourds qu'ordinairement le gain de leur cause les dédommageait à peine des pertes éprouvées. La situation était, on le voit, des plus piteuses.

La royauté elle-même, qui ne ménageait pas les ordonnances réformatrices et qui les voyait souvent violées ou non exécutées, ne se dissimulait pas l'étendue du préjudice que la mauvaise organisation de la justice portait alors au commerce. On s'en convaincra sans peine en lisant le préambule de l'édit rendu par Henri II au mois de janvier 1551 (1) : « Considérans, dit ce prince, le grand soin et diligence dont nos prédécesseurs roys, de très-honeste mémoire, ont usé, et nous consécutivement depuis notre advènement à la couronne pour l'établissement, ordre et conduite de la justice, et pour la faire promptement administrer à nos subjects, ayant sur ce fait plusieurs ordonnances bonnes, utiles et nécessaires pour l'abréviation des procez, sans que jusques icy l'on en ait peu tirer le fruict que nosdicts prédécesseurs et nous en avions espéré ; mais au contraire, par la même foy des parties, et souvent par l'excessif gaing et proffict qu'en tirent les ministres et suppôts de la justice, par les mains desquels il faut pas-

(1) C'est cet édit qui institua dans le royaume les présidiaux. Cf. Isambert, *op. cit.*, tome XIII.

ser, lesdictes ordonnances, quelles que bonnes qu'elles soient, semblent quasi avoir produit et donné moyen de plus grande longueur auxdits procez, pour les subtilitez et involutions que l'on a exquis et trouvé à prolonger l'expédition d'iceux, et pervertir l'ordre et formalité de justice ; de sorte que la pluspart de nos subjects délaissans et abandonnans leur forme et manière de vivre avec leurs arts, industries et tous autres notables et vertueux exercices auxquels ils sont appelez, employent le temps de leur vie à la poursuite d'un procez, sans en pouvoir voir la fin, et consument leurs meilleurs ans, avec leurs biens, facultez et substances, en chose si serve et si illibérale qu'est cette occupation comme chacun sçait... »

Quand le roi traçait un portrait si peu flatteur des tribunaux de droit commun, les marchands, nous le demandons, pouvaient-ils s'en contenter? N'y avait-il pas à craindre, au cas où l'on aurait maintenu les choses en l'état, que le trafic périclitât, tout au moins que sa marche ascendante subît un temps d'arrêt ?

La royauté le comprit tellement qu'elle chercha de diverses façons à donner aux commerçants des juges spéciaux. En 1549, une bourse fut établie à Toulouse et en même temps que cette bourse, on organisa, afin de statuer sur les procès nés des opérations qui s'y effectueraient, un tribunal particulier (1).

Nous ne saurions trop faire observer en passant, combien il est frappant que ce soit la fondation d'une bourse qui ait fourni l'occasion d'instituer en France la première en date des juridictions véritablement consulaires. Si, malgré les arguments précédemment fournis, l'on hésitait encore à

(1) L'édit de 1549 permettait aux marchands toulousains « d'eslire entre eux et faire chacun an un prieur et deux consuls, pour cognoître en première instance de tous les procez qui, pour raison de marchandises, foires et assurances, seraient intentés entre les marchands et fabricants à Toulouse ; au jugement desquels le prieur et les consuls pourraient appeler telles personnes qu'ils jugeraient à propos ».

reconnaître que les tribunaux forains, quoique limités à une existence locale et éphémère, ont été le modèle de ces juridictions, il y aurait bien dans la coïncidence que nous venons de mettre en relief, de quoi détruire jusqu'au moindre doute chez les plus sceptiques. Qu'est-ce en effet qu'une bourse, comme on l'a dit (1) fort justement, sinon « une foire où les marchandises se vendent sans être exposées aux regards, où les prix s'établissent, où les nouvelles s'échangent » ? Or, l'analogie de la bourse et de la foire étant évidente, comment ne pas voir dans la juridiction toulousaine de 1549, une sorte de tribunal forain élargi, consolidé, possédant une qualité que n'avaient point ses devanciers : la permanence.

On s'aperçoit vite d'ailleurs, quand on étudie de près l'institution de Henri II, que cette manière de l'envisager n'a rien que de très rationnel. Nouveau par la forme, au fond le tribunal toulousain se rattachait étroitement à ce qui existait déjà auparavant. Sans doute, le prieur de Toulouse et les consuls qui l'assistaient, n'étaient point, comme le conservateur des foires de Lyon, nommés par le roi ; ils étaient choisis à l'élection par les marchands. Mais, le mode de désignation mis à part, les traits communs ne manquaient pas entre les deux juridictions.

L'une et l'autre pouvaient recourir aux commerçants qui avaient coutume de se rendre à la ville, pour résoudre les difficultés dont elles connaissaient ; l'une et l'autre devaient statuer sans longs débats, d'après l'équité plutôt que d'après le droit strict ; d'une façon générale enfin, elles devaient se conformer aux mêmes règles, suivre la même procédure, comme en témoigne l'édit de 1556, qui instituait à Rouen une juridiction absolument analogue à celle de Toulouse. « Les marchands fréquentant la place, porte cet écrit, s'assembleront tous les ans avec les

(1) Genevois, *op. cit.*, p. 38.

marchands étrangers fréquentant les foires de Rouen, pour eslire à la pluralité des voix un prieur et deux consuls marchands muables et électifs, lesquels jugeront les procez, ainsi que ceux de Toulouse et les conservateurs des foires de Lyon (1). » Ainsi la royauté, dans son premier effort pour doter les marchands d'une juridiction spéciale, alliait l'esprit conservateur à l'esprit réformiste ; elle n'innovait qu'en se souvenant du passé.

Inspiré comme l'édit de 1549 par le désir de créer un tribunal réservé aux affaires mercantiles, l'édit rendu par François II au mois d'avril 1560, sur les conseils de L'Hôpital, prescrivait pour le cas où une contestation s'élèverait entre commerçants, des mesures qui s'écartaient absolument de tout ce qui avait été expérimenté jusque-là.

Les transactions subissaient alors une crise due à la multiplicité des procès. Couramment, des marchands qui avaient passé des contrats sans notaires ni témoins, refusaient à ceux vis-à-vis desquels ils étaient obligés, de tenir leurs promesses, en prétendant que jamais ils n'avaient pris d'engagement.

Après avoir, dans le préambule de son ordonnance, constaté cette situation fâcheuse, le roi, pour y remédier, recourt à un moyen énergique ; il supprime les procès entre marchands pour le fait de leurs marchandises. Quand une difficulté les divisera, ils seront dorénavant « contraints eslire et s'accorder de trois personnages, ou plus grand nombre, si le cas le requiert, marchans ou d'autre qualité, et se rapporter à eux de leurs différens et ce qui sera par eux jugé et arbitré tiendra comme transaction, ou jugement souverain, sans qu'il soit loisible contrevenir à icelle par approximation ou appellation ou autrement (2) ». L'arrêt rendu, à la requête des parties, les magistrats ordi-

(1) Cf. Glasson, *Les juges et consuls des marchands* (Nouvelle Revue historique, janvier-février 1897, n° 1, p. 7).

(2) Cf. Isambert, *op. cit.*, t. XIV, p. 51.

naires devront le mettre ou le faire mettre à exécution « sommairement et de plain, sans figure de procez, comme s'il était donné par eux ».

Ce qu'on créait en somme, c'était l'arbitrage forcé. Si les marchands ne réussissaient pas immédiatement à s'entendre sur le choix des personnages chargés de les départager, le juge ordinaire des lieux leur fixait un certain délai pour s'accorder sur ce point et, quand ils ne déféraient point à l'ordre donné, le terme du délai étant arrivé, le juge nommait lui-même les arbitres, sans que les plaideurs pussent être admis à réclamer contre ladite nomination.

Assurément, c'était montrer beaucoup de libéralisme que de supprimer ainsi les magistrats dans les affaires mercantiles : du coup les litiges allaient se vider sans frais, sans procédure. Mais, au XVIe siècle, l'arbitrage forcé venait trop tôt. Il heurtait un grand nombre de privilèges consacrés par la routine, il diminuait les profits d'une foule de personnages influents, bien placés pour le combattre. Si l'on ajoute à cela que naturellement il présentait déjà les imperfections invoquées contre lui quand, après la Révolution (1), ses adversaires cherchèrent et réussirent à le supprimer progressivement, on ne sera pas surpris que la tentative de François II et de son chancelier n'ait eu aucun succès.

L'Hôpital fut le premier à reconnaître son échec. Il s'empressa d'étudier un autre projet et c'est alors qu'il songea, pour régler les procès mercantiles, à constituer de véritables tribunaux composés de commerçants et élus par eux. De ses réflexions sortit l'édit de novembre 1563, qui fonda la juridiction des juges-consuls à Paris.

(1) L'arbitrage forcé se développa considérablement pendant la Révolution, mais sa fortune fut de peu de durée. Elle périclita dès le Directoire Lors de la rédaction du Code de commerce, on ne le laissa plus subsister qu'en matière de société commerciale et cette dernière application de l'arbitrage forcé, qui avait son origine dans l'ordonnance de 1673, disparut elle-même définitivement après la loi du 17 juillet 1856.

Avant d'aborder l'examen de cet édit, nous croyons utile de faire observer que, bien qu'il organise une institution qui présente avec celle précédemment créée à Toulouse de multiples points de ressemblance, il diffère sensiblement de l'édit de 1549, sinon par son contenu du moins par le but qu'il révèle chez ses rédacteurs. L'établissement du prieur et des deux consuls toulousains est présenté dans l'ordonnance de Henri II comme quelque chose d'accessoire. Avant tout, on institue une bourse. C'est simplement en vue d'assurer son bon fonctionnement qu'on s'occupe des litiges nés des contrats qui s'y passeront et qu'on attribue la connaissance de ces litiges à un tribunal spécial. Au contraire, à Paris, en 1563, on prétendit organiser quelque chose d'entièrement inédit. Aussi croyons-nous juste de placer à cette date et non plus tôt le véritable point de départ de la législation qui, abstraction faite de quelques modifications nécessitées par les circonstances, est encore aujourd'hui celle de nos tribunaux de commerce modernes.

Ce problème historique élucidé, voyons quel était le contenu de l'ordonnance élaborée par L'Hôpital.

Son préambule est fort court. Il est destiné à nous indiquer comment le roi a été amené à intervenir. C'est sur la requête des négociants de Paris, qui ont demandé la création de la juridiction consulaire « pour le bien public et abréviation de tous procès et différens entre marchands qui doivent négocier ensemble de bonne foy, sans estre astreints aux subtilitez des loix et ordonnances (1) ».

Les deux premiers articles traitent de la façon de désigner les juges-consuls. Trois jours après la publication de l'édit, le prévôt des marchands et les échevins dresseront une liste de cent notables bourgeois habitant la capitale, natifs et originaires du royaume. Ils les inviteront à

(1) Cf. Isambert, *op. cit.*, t. XIV, p. 153.

se réunir et l'assemblée ainsi composée choisira dans son sein cinq marchands, dont le premier sera nommé juge et les quatre autres consuls des marchands. La durée du mandat était fixée à une année. Les élus étaient tenus de prêter serment devant le prévôt des marchands.

Le mode d'élection que nous venons de décrire, ne devait s'appliquer qu'une fois. Dès que le tribunal arriverait à la seconde année de son existence, le prévôt et les échevins de la ville n'auraient plus aucun rôle dans la désignation du juge et des consuls et l'élection appartiendrait exclusivement à l'élément mercantile. Les choses se passeraient alors de la manière suivante. Trois jours avant l'expiration de leurs pouvoirs, les magistrats en charge assembleraient soixante marchands. Ceux-ci, à leur tour, en éliraient trente qui, de concert avec le juge et les consuls sortants, nommeraient séance tenante et sans désemparer, les cinq nouveaux juge et consuls des marchands. Le serment des nouveaux élus serait reçu par leurs prédécesseurs : après quoi, on les installerait pour une année. Au cas où l'élection serait contestée à raison d'une fraude ou d'une violation de formalités, aucune protestation ne pourrait être examinée par une autre autorité que le Conseil du roi, seul compétent en l'espèce.

Le système électoral établi par l'édit de 1563 présentait un inconvénient assez sérieux, contre lequel du reste les réclamations ne manquèrent point. Les corps de métiers, à Paris, étaient au nombre de six : il y avait les drapiers, les épiciers, les merciers, les pelletiers, les bonnetiers, les orfèvres (1). Or l'édit n'indiquait point dans quelle proportion chacun de ces corps avait droit à être représenté, soit qu'il s'agît des électeurs, soit qu'il s'agît des élus.

(1) Outre les six corps que nous venons d'énumérer, en 1563, il y en avait encore deux autres, celui des libraires et celui des marchands de vin qui, n'ayant pas une existence reconnue par l'Etat, ne manquaient cependant aucune occasion de revendiquer une place égale à celle des corps officiellement constitués.

C'était là une lacune regrettable et, ce qui l'aggravait encore, c'est que, les membres du tribunal n'étant qu'au nombre de cinq, il y avait nécessairement une des grandes corporations de la ville qui ne possédait point de représentant dans la juridiction consulaire.

Si l'organisation du tribunal de commerce était quelque peu déparée par le défaut que nous venons de signaler, en revanche, sous bien des rapports, elle ne laissait rien à désirer. Le mécanisme qui assurait la continuité de l'institution était simple. Les magistrats qui sortaient de charge prenant une part très importante à l'élection et donnant l'investiture à leurs remplaçants, les traditions ne pouvaient manquer de se maintenir facilement. Choisis par leurs confrères, les juges avaient de grandes chances de posséder l'impartialité et le savoir nécessaires à leur ministère, car nul ne devait mieux les connaître et les apprécier que ceux avec lesquels ils étaient chaque jour en relations. Enfin la faculté qu'avaient les magistrats consulaires tenant l'audience de prendre conseil « de telles personnes qu'ils aviseraient, si la matière y était subjecte » (1) doublait leurs lumières et leur fournissait en même temps un moyen commode, en cas d'absence ou d'empêchement de l'un d'eux, de compléter sans retard le tribunal, dont les sentences, pour être valables, devaient être rendues au moins par trois personnes.

La compétence des juges-consuls était déterminée par l'article 3 de l'édit. Aux termes de cet article, ils connaissaient de « tous procès ou différens mûs entre marchands, pour fait de marchandises seulement, leurs veuves marchandes publiques, leurs facteurs, serviteurs, et comme estans, tous marchands, soit que lesdits différens procédassent d'obligations, cédules, récépissez, lettres de change ou crédit, responses, assurances, transports de

(1) Cf. l'art. 3 de l'ordonnance de novembre 1563.

dettes et novation d'icelles, comptes, calcul ou erreurs en iceux, compagnies, sociétez. » Cette longue énumération montre que d'une façon générale, les magistrats consulaires étaient compétents chaque fois qu'il s'élevait entre marchands un litige touchant à leur commerce.

Toutefois ce principe souffrait des exceptions qui le restreignaient ou l'élargissaient (1).

Au XVIe siècle, il n'y avait pas de différence sensible entre la faillite et la déconfiture : les particuliers non marchands qui cessaient leurs payements étaient déclarés en faillite tout comme des marchands. La faillite n'étant pas classée parmi les événements purement commerciaux, le soin de la prononcer et de résoudre les difficultés auxquelles elle donnait lieu, revenait aux juges ordinaires (2). Les contestations, qui antérieurement étaient jugées par les Conservateurs des foires, échappaient également aux magistrats consulaires. De même, quand l'ordonnance de marine (3) eut donné compétence aux amirautés en matière maritime, les différends relatifs au commerce de mer cessèrent de venir devant les juges-consuls, qui perdirent de la sorte une matière féconde en procès, les assurances maritimes.

En revanche, il convient d'observer que les juges-consuls tranchaient les procès se référant à des lettres de change (4) même entre non-marchands, car la lettre de change était considérée comme un acte de commerce entre personnes quelconques. Ils réglaient aussi les litiges

(1) Cf. Glasson, *Les juges et consuls des marchands*, p. 23.

(2) La connaissance des faillites ne fut attribuée aux juges-consuls que par une déclaration du 10 juin 1715.

(3) L'ordonnance de marine date du mois d'août 1681.

(4) Il ne faut pas confondre avec les lettres de change les billets de change, qui étaient nos billets à ordre actuels. Les questions se rapportant à des billets de change ne rentraient dans la compétence des juges-consuls que si ces billets émanaient de commerçants. Cf. Glasson, *op.cit.*, p. 53.

provenant de ventes consenties par des marchands à des artisans et gens de métier, à la condition que ceux-ci eussent acheté pour revendre ou pour travailler de leur profession. En outre, quand un contrat était civil au regard d'une des parties et commercial au regard de l'autre, la première était autorisée à actionner la seconde devant les juges-consuls. Lorsque, par exemple, un propriétaire avait vendu à un boulanger du blé venant de ses terres pour en fabriquer du pain destiné à être livré au public et qu'une contestation s'élevait au sujet du paiement, le propriétaire pouvait porter sa cause au tribunal de commerce (1).

Trois caractères distinguaient la procédure des magistrats consulaires de celle habituellement adoptée dans les juridictions de droit commun : elle était simple, rapide, économique.

Les ajournements devaient être libellés et contenir demande certaine. « Les parties, porte l'édit, sont tenues de comparoir en personne à la première assignation, pour estre ouïes par leur bouche, si elles n'ont légitime excuse de maladie ou absence; èsquels cas envoyeront par escrit leur response signée de leur main propre, ou audit cas de maladie envoyeront la response signée de l'un de leurs parens, voisins ou amis ayans de ce charge et procuration spéciale ». On le remarquera, le ministère des avocats et des procureurs est interdit. Les rédacteurs de l'ordonnance ont voulu, par ce moyen, couper court à toute longueur et, comme ils le disent fort pittoresquement « oster aux plaideurs l'occasion de fuir et de plaider. » Dès le début de l'instance, les parties doivent s'accorder sur les faits. Au cas où elles n'y parviennent pas lors de la première comparution, on leur fixe un seul délai pour produire leurs pièces ou leurs témoins. Le délai écoulé, les témoins sont

(1) Cf. Glasson, *op.cit.*, p. 13.

entendus sommairement et, si faire se peut, le prononcé de la sentence suit immédiatement.

Plus expéditive que la justice ordinaire, la justice des juges-consuls avait encore sur celle-ci l'avantage d'être beaucoup moins coûteuse. L'article 7 de l'édit défendait aux membres du tribunal consulaire de recevoir des épices ou des présents sous quelque prétexte que ce fût et il décidait que les magistrats contrevenants seraient frappés des peines applicables aux concussionnaires. Le greffier, « personne d'expérience, marchand ou autre » devait délivrer toutes les expéditions « sur bon papier, sans user de parchemin », parce que le parchemin, qui avait un prix élevé, aurait grevé les parties de frais inutiles. Il lui était interdit « de prendre pour ses salaires et vaccations autre chose qu'un sol tournoi par feuillet, sous peine de punition corporelle ». Comme ce tarif est modéré, quand on le compare à celui des greffiers d'aujourd'hui !

Ajoutons qu'à plusieurs points de vue les jugements de consuls étaient privilégiés (1). Tout d'abord ils ne donnaient lieu à aucune formalité de visa ou pareatis, quand bien même ils devaient recevoir exécution hors du ressort où ils avaient été rendus. Ensuite le taux du dernier ressort était de 500 livres tournois, tandis que les présidiaux ne statuaient pas en dernier ressort au-dessus de 250 livres. Enfin si, passé 500 livres, la sentence était susceptible d'appel devant le Parlement de Paris, cet appel n'était point suspensif et l'exécution provisoire était de droit. L'on voit quels avantages la juridiction consulaire, telle que l'organisait l'édit de 1563, assurait, aux marchands (2).

Il n'est pas surprenant que ces avantages qui, dès le début, furent fort appréciés à Paris, aient tenté les

(1) Cf. Glasson, *Nouvelle Revue historique*, 1897, n° 1, p. 36.

(2) Toutefois les juges-consuls ne connaissaient point des difficultés relatives à l'exécution de leurs jugements. Elles étaient examinées par les juges ordinaires.

commerçants des autres villes de France également désireux d'être jugés par leurs pairs rapidement et à bon compte. Aussi, en dépit des attaques (1) dont la nouvelle juridiction fut l'objet de la part de ses rivales, de nombreux tribunaux de commerce ne tardèrent pas à s'élever. Des ordonnances séparées en créèrent à Orléans au mois de février 1563 (ancien style), à Nantes, en avril 1564, à Bordeaux, à Poitiers, à Tours, etc.

Tous ces tribunaux avaient une organisation identique à celui de Paris et les édits royaux qui les instituent, ne manquent jamais de faire observer que c'est à Paris que l'on a été chercher le type de la juridiction qui sert de modèle : « Les nobles, bourgeois, marchands de nostre bonne ville de Nantes, porte par exemple l'édit d'avril 1564, ayant entendu le bon ordre qu'il nous a pleu, par nos lettres d'édit du mois de novembre dernier, concéder et octroyer aux marchands de nostre bonne ville de Paris...nous auraient très humblement fait supplier et recquérir que, pour les mesmes considérations, nostre plaisir fust leur accorder et octroyer le mesme ordre de justice y estre guardé, pour estre relevés des grands frais et longueurs de ladite justice. »

La faveur avec laquelle les juges-consuls étaient partout accueillis engagea la royauté à généraliser son essai. Un édit de 1565 établit des tribunaux de commerce dans toutes les villes où il y avait un juge royal.

(1) En vue de ruiner la nouvelle juridiction, le Parlement et le Châtelet, admettaient l'appel de ses jugements même au-dessous de 500 livres. Il n'était pas rare qu'ils adressassent des défenses aux juges-consuls. Quelquefois même ils allaient jusqu'à interdire aux huissiers d'exécuter les jugements du tribunal consulaire. L'édit de 1565 imposa un terme à ces attaques. L'article 3 réitéra aux cours souveraines la défense « d'occuper et soi charger des causes des marchands qui voudront pour fait de marchandises, décliner la juridiction desdits juges et consuls ». En outre l'article 2 mit fin à l'abus de certains fonctionnaires qui, se livrant à des opérations commerciales, invoquaient le privilège de *committimus*, même quand il leur arrivait d'être cités devant les juges-consuls pour des affaires étrangères à leur office.

Evidemment c'était aller un peu vite en besogne, c'était abuser d'une institution utile, mais utile seulement dans les grands centres. Faute d'une quantité suffisante de commerçants notables, quelques-uns des nouveaux tribunaux eurent grand mal à se constituer et, quand ils le furent, les affaires étant rares, de fréquents chômages s'imposèrent. Les magistrats ordinaires, toujours très jaloux, élevèrent naturellement la voix et l'on dut songer à remettre les choses au point. L'article 239 de l'ordonnance de Blois, rendue en 1576, décida que la juridiction des marchands serait maintenue seulement dans les principales villes et capitales des provinces « èsquelles il y avait grand train et trafic de marchandises ».

Cet article ne fut pas sans jeter dans le royaume un grand trouble. Les adversaires des juridictions consulaires nourrirent un instant l'espoir qu'elles allaient disparaître. Les lettres patentes du 25 avril 1580 qui maintenaient expressément les juges-consuls dans la ville de Reims, où le Parlement de Paris affectait de les croire supprimés, ne tardèrent pas à les détromper. Avant la fin du XVIe siècle, les plus irréductibles furent obligés de reconnaître que l'institution de Charles IX était assurée et de vivre et de grandir.

Non seulement les juridictions spéciales aux marchands étaient désormais définitivement fondées, non seulement elles existaient d'une façon permanente dans la plupart des grandes villes, mais leur organisation ne devait plus à l'avenir être l'objet de modifications importantes, la base de nos futurs tribunaux de commerce était trouvée et solidement établie.

Qu'on examine les divers documents législatifs parus depuis 1563 jusqu'à nos jours, où il est traité de la justice mercantile. Aucun ne touche aux dispositions essentielles élaborées par le chancelier de L'Hôpital. L'ordonnance de 1673 en respecte l'ensemble imposant comme les lois de la Révolution, les lois de la Révolution comme le Code de commerce de 1807.

Çà et là on trouve bien quelques changements de détail. Mais le vieil édit primitif n'en est pas moins resté la loi fondamentale de l'institution. Si la lettre du texte a varié, le fond et l'esprit ont été maintenus. A la veille de la tourmente révolutionnaire, alors que toutes les institutions vacillaient, le député Desmeuniers, au cours d'une discussion sur les juges-consuls, s'écriait à la tribune de l'Assemblée Constituante : « Il faut y regarder à deux fois avant de toucher à une œuvre de L'Hôpital ! »

L'écho de ces paroles, puissant lorsqu'elles furent prononcées, ne semble pas s'être affaibli. Encore aujourd'hui l'élection des magistrats consulaires par leurs pairs est considérée comme un principe fondamental, encore aujourd'hui les traits distinctifs de la procédure commerciale sont la simplicité, la promptitude et l'économie. Tandis que les juridictions mercantiles que nous avons rencontrées dans le midi de la France, à Marseille et ailleurs, le Parloir aux Bourgeois, les cours des foires de Champagne et de Brie, la Conservation de Lyon, les tribunaux de bourse, tous fondés par des ordonnances qui ne se réfèrent point les unes aux autres, tous différents quoique présentant certains caractères analogues, tous limités à une cité ou à une province, n'ont eu qu'une existence éphémère, le tribunal consulaire de Paris, bientôt copié par toutes les grandes villes de France, est encore debout, sensiblement semblable à lui-même, depuis 1563.

Cette date marque donc, sur le sol de notre pays, à la fois le point de départ des juridictions commerciales modernes et la fin des juridictions commerciales du Moyen-Age, qui, à une ou deux exceptions près (1), cédèrent partout la place aux juges-consuls avant que le XVIe siècle fût achevé.

(1) L'on se souvient que la Conservation de Lyon se maintint jusqu'à la Révolution.

Ainsi arrivé au terme de l'évolution des tribunaux de commerce français, nous avons à établir le bilan de ce que le type définitif doit aux modèles plus ou moins grossiers qui l'ont précédé, nous avons à voir quels traits il leur a empruntés, quels éléments nouveaux il renfermait.

Il y a quelque chose de commun à toutes les juridictions françaises que nous avons étudiées : c'est le caractère sommaire et rapide de leur procédure. A Montpellier, au début du XIIIe siècle, l'usage des avocats, nous l'avons vu, était déjà interdit et l'arrêt pouvait être rendu dès le lendemain de l'introduction de l'instance. A Marseille, l'exécution des jugements ne nécessitait jamais ni visa, ni pareatis. De même les gardes des foires de Champagne recouraient aux enquêtes abrégées et le Conservateur de Lyon statuait « sans longs procès ni figures de plaids ». La juridiction consulaire a emprunté par conséquent à ses devancières la simplicité et la célérité de leurs débats.

En ce qui concerne l'organisation, nous avons assisté dans les tribunaux qui connaissaient des affaires mercantiles, à l'application de systèmes fort différents. Outre que dans certaines villes il n'y avait pas pour les marchands de juridiction séparée, nous avons constaté que les magistrats du Parloir aux Bourgeois étaient nommés par les membres d'une corporation, les gardes de Champagne par le Grand conseil du royaume, les juges de Lyon au XVe siècle, les uns par le roi, les autres par le conseil de la ville, c'est-à-dire en réalité par les négociants qui dominaient à ce conseil. Tantôt, comme à Marseille, à Narbonne et aussi pour partie à Lyon, nous avons trouvé les sièges de juges occupés par des marchands, tantôt, comme aux foires de Champagne, par des gens de condition élevée, étrangers au négoce. Lorsqu'a été établie la composition du nouveau tribunal de commerce, le rédacteur de l'édit de 1563 a donc eu à choisir entre des traditions très variées. En assurant le triomphe du principe électif généralement assez méconnu, en édictant que les juges seraient pris parmi les marchands, il n'a sans doute mis en pratique rien d'inédit, mais il a du moins assuré d'une manière définitive le triomphe de règles alors fort discutées.

La compétence est peut-être ce qui a subi les transformations les plus sensibles dans l'ordonnance de Charles IX. Les gardes des foires se bornaient à trancher les différends nés à l'occasion de ces foires ; ils s'inquiétaient toujours de savoir avant d'entendre les parties, si elles exerçaient ou non un commerce et renvoyaient aux tribunaux ordinaires les plaideurs non-marchands. Les juges-consuls ont une conception plus large de la compétence. Ils ne recherchent point les circonstances au milieu desquelles le litige s'est élevé ; ils tiennent parfois compte de sa nature pour statuer même entre non-marchands (1). Il semble qu'il y a là quelque chose de neuf. Toutefois nous n'osons être absolument affirmatif. L'époque où la compétence de la Conservation de Lyon a changé de caractère n'est pas exactement connue : elle se place entre 1542 et 1594 (2). Si ce changement a été antérieur à 1563, le tribunal lyonnais n'a-t-il pas servi de modèle ?

En résumé, il y a peu d'idées appliquées par le législateur de 1563 qui soient dues à son imagination propre. Fondateur des tribunaux de commerce modernes, il a trouvé la plupart de leurs éléments dans les institutions du Moyen-Age. Seulement, en les rassemblant quand ils étaient épars, en les coordonnant de manière qu'on pût immédiatement en faire une application générale, il a créé une chose nouvelle. Tel, un architecte habile, avec les pierres de fondation de plusieurs masures ruinées, réussit parfois à bâtir un palais. A quatre ou cinq siècles de distance,

(1) C'est le cas, quand il est question d'une lettre de change.

(2) L'édit de 1642 exigeait, pour que la Conservation fût compétente, que l'affaire fût entre marchands et roulât sur des faits de foire. Dans l'édit de 1594 au contraire, le mot de foire n'est pas prononcé.

nous avons quelque peine aujourd'hui à nous figurer que les matériaux qui ont servi à construire l'édifice de la justice commerciale actuelle, étaient de vieux débris échappés à la chute d'institutions chancelantes ou disparues. L'histoire nous ménage à chaque instant de pareilles surprises : si inédit que paraisse le présent, il répète toujours le passé.

CONCLUSION.

Il est temps de rapprocher les divers résultats auxquels nous sommes arrivé.

Ce n'est ni dans l'organisation grecque, ni dans l'organisation romaine qu'il faut chercher le germe des tribunaux de commerce modernes. Chez les Romains, la faiblesse primitive du négoce, la pratique de l'arbitrage, le libéralisme du droit commun, l'amour de l'unité et le respect inébranlable de la tradition furent autant d'obstacles à la création de magistrats spéciaux, chargés de trancher les litiges des marchands. L'institution des thesmothètes et celle des nautodices, qui étaient en harmonie avec l'état commercial d'Athènes au temps de Démosthène ou de Lysias, offraient un caractère trop simpliste, elles étaient trop oubliées au XIIe et au XIIIe siècle, pour pouvoir susciter des imitations, alors que les premières croisades avaient déjà transformé les conditions du trafic. Si l'apparition des juridictions commerciales a précédé de beaucoup le début du Moyen-Age, le Moyen-Age a donc néanmoins le mérite de les avoir en quelque sorte inventées à nouveau.

Leur véritable pays d'origine, ce fut l'Italie. Là, dès le XIIe siècle, les tribunaux mercantiles pullulèrent et l'on chercherait en vain une ville où l'influence étrangère ait déterminé ou même simplement facilité leur éclosion. Nous croyons avoir démontré qu'on ne saurait dire pareille chose ni de la France, où les plus anciennes juridictions commerciales, celles du sud, furent le résultat d'une importation, ni de l'Allemagne, où la création de magistrats particuliers, destinés à s'occuper exclusivement des procès entre marchands, ne remonte guère qu'à la fin du Moyen-Age.

Pourquoi les négociants italiens furent plus favorisés que leurs confrères de France et surtout d'Allemagne (1), l'état des institutions politiques, auxquelles nous avons fait de fréquentes allusions dans chacune des trois parties de notre travail, l'explique admirablement.

D'abord « le commerce, ainsi que l'a dit M. Thaller (2), procède de l'idée de liberté de l'homme ». Rien n'est favorable à sa prospérité et, par voie de conséquence, au développement des institutions qui s'y rattachent, comme le triomphe de l'individualisme. Et précisément l'Italie du Moyen-Age pratiqua l'individualisme quelquefois jusqu'à l'excès !

En outre, une classe ne peut se donner rapidement un droit différent de celui du reste de la nation, elle ne peut rapidement arriver à la possession de fonctionnaires spéciaux chargés d'appliquer ce droit, si elle ne détient le pouvoir ou si elle n'a avec ceux qui le détiennent, des liens étroits reposant sur la communauté des intérêts et la réciprocité des sympathies. Or, tandis que l'Italie du XIIe siècle nous offre le spectacle d'une série de républiques gouvernées par des marchands, en France, à la même époque, l'alliance de la royauté et de la bourgeoisie commerçante était à peine ébauchée, et en Allemagne, les luttes des empereurs contre les grands vassaux rendaient souvent illusoire l'appui que le souverain prêtait au négoce.

Si, après avoir comparé les juridictions commerciales des trois pays au point de vue de leur ancienneté, nous examinons les bases sur lesquelles elles reposaient, nous trouvons encore des différences sensibles.

(1) En ce qui concerne l'apparition des juridictions commerciales, on peut dire que l'Italie fut en avance sur la France d'environ un demi-siècle, sur l'Allemagne, d'environ deux siècles.

(2) Cf. *Annales de droit commercial*, 1892, p. 120.

Les tribunaux de commerce italiens, à l'origine, ont un caractère essentiellement corporatif. A Milan comme à Florence, à Gênes comme à Venise, chefs de la guilde et juges des marchands se confondent. Le droit pour le commerçant d'avoir des magistrats spéciaux est envisagé tout d'abord comme un privilège du corps de métier, de même que l'obligation de comparaître devant les *consules mercatorum* prend naissance au moment où le négociant sollicite son inscription sur les registres du *collegium* ou de la *mercanzia*. L'on ne saurait, en Italie, détacher par la pensée le tribunal de commerce, de la corporation.

En Allemagne, le hansgrave est sans doute inséparable de la hanse, mais, pour la fondation des tribunaux sédentaires, l'influence corporative a été bien minime. Pareille observation peut être faite à propos de la France, où la juridiction parisienne des Marchands de l'Eau qui, remarquons-le, ne fut commerciale qu'à un faible degré, est à peu près unique en son genre. A l'encontre des tribunaux de commerce italiens, les tribunaux de commerce français et allemands ont généralement leur point de départ dans une charte, un privilège royal, accordé lors de l'établissement d'un marché ou d'une bourse. Chez ceux-ci, le caractère consensuel, au début tout au moins, est loin d'être aussi accusé que chez ceux-là. En Italie, c'est en vertu d'un engagement librement contracté vis-à-vis de ses confrères que le marchand est soumis à la juridiction commerciale. En Allemagne et en France, c'est en vertu de la loi, de la volonté du souverain et, si l'on peut dire que les plaideurs consentent à aller devant le tribunal de commerce, c'est seulement en ce sens qu'ils renoncent à donner d'un commun accord la préférence aux magistrats ordinaires.

Relativement à l'organisation du tribunal, le point capital à retenir c'est que le principe électif est loin d'avoir eu partout et toujours le même succès.

En Italie, nous le trouvons triomphant dès le XIIe siècle, et la chose est des plus naturelles, puisque, d'une façon générale, les marchands étaient les maîtres de la cité.

En Allemagne, il a quelque peine à s'introduire, non pas que le souverain persiste à revendiquer le droit de déterminer qui siégera au tribunal de commerce, mais le conseil de ville auquel on doit en grande partie la création de ce tribunal, tient à garder sur lui la haute main.

En France, au début, le roi et les grands seigneurs seuls désignent les magistrats qui tranchent les litiges mercantiles sur la place du marché ; le droit de nommer les juges forains est compris dans celui de délivrer les concessions de foires. Plus tard, au XVe siècle, les marchands profitèrent du désir qu'avait la royauté de s'affermir contre l'aristocratie en passant pour leur alliée et ils obtinrent le droit de nommer une partie des juges commerciaux. A Lyon, où le principe électif fut tout d'abord appliqué, « le prud'homme suffisant et idoine » est indirectement l'élu des négociants. Les édits de 1549 et de 1556 sur les bourses de Toulouse et de Rouen, celui de 1563 sur l'établissement des juges-consuls à Paris nous montrent que la royauté finit par abandonner complètement aux marchands le soin de choisir ceux qui liquidaient leurs conflits.

La composition du tribunal était fixée chez les Italiens d'après une règle diamétralement opposée à celle qu'on appliquait chez nous. Durant tout le Moyen-Age, en Italie, pas de juridiction commerciale où les juristes ne fussent mélangés aux négociants. Des marchands et rien que des marchands pour juger les marchands, tel est au contraire le principe fondamental que les ordonnances françaises suivent avec une rigueur de plus en plus accentuée, à mesure qu'on se rapproche du XVIe siècle. Quant à l'Allemagne, elle n'applique intégralement, ni le système italien, ni le système français. Parfois elle semble pencher du côté de ce dernier, mais c'est seulement en théorie. On se souvient qu'à Nuremberg, malgré la règle formelle posée dans le privilège de 1508, les juristes continuèrent à détenir un certain nombre de sièges au tribunal de commerce.

Chez les Allemands comme chez les Français, chez les Français comme chez les Italiens, la compétence de la juridiction mercantile a d'abord été purement subjective. C'est presqu'exclusivement à la qualité des parties qu'on s'attachait pour savoir si les magistrats commerciaux avaient ou non à connaître de l'affaire. Ainsi, à Florence, on examinait si le défendeur était inscrit sur les registres de la *mercanzia*. Les gardes de Champagne recherchaient si les plaideurs étaient des marchands fréquentant les foires. Avant que le dédoublement des tribunaux urbains se fût opéré en Allemagne, la procédure sommaire n'était appliquée que dans les cas où les personnes en cause exerçaient la profession de négociant.

Le caractère subjectif qu'eut primitivement la compétence, s'explique sans peine. Il est d'ordinaire plus facile de savoir quelles sont les occupations habituelles d'un plaideur, de déterminer sa situation sociale que de fixer la nature exacte du litige, de reconnaître s'il est ou non commercial. Les législateurs du Moyen-Age, soucieux de ne pas embarrasser les magistrats, qui, trop fréquemment, avaient une instruction juridique incomplète, adoptèrent tout naturellement le critérium dont l'emploi exigeait le moins de science.

Plus tard on reconnut les inconvénients du système adopté. Des procès manifestement commerciaux, ceux par exemple qui avaient trait aux lettres de change, échappaient aux tribunaux de commerce. On leur en attribua la connaissance. La compétence prit ainsi un caractère mixte et, chaque jour, elle tendit davantage à devenir objective.

A mesure que la base sur laquelle on s'appuyait pour la détermination de la compétence subit des transformations, le champ d'action des tribunaux de commerce grandit rapidement. En Italie, il était d'abord borné à la corporation ou à l'union des corporations, en France et en Allemagne, au cercle des gens fréquentant périodiquement le marché. Soit pour éviter aux étrangers les lenteurs judiciaires, qui les retenaient plus longtemps qu'ils ne l'auraient voulu loin de leur principal établissement et les dégoûtaient ainsi des voyages, soit pour diminuer l'importance des frais, parfois supérieurs, dans les petites causes, au montant du litige, soit enfin pour mettre fin aux atermoiements des plaideurs véreux, lorsqu'une dette était reconnue ou que l'affaire était liquide (1), on prit l'habitude de franchir ces limites étroites. On les franchit si souvent qu'elles disparurent. A la longue, les personnes justiciables des tribunaux de commerce furent non plus tels ou tels marchands, mais tous les marchands. De même presque toutes les contestations qui se rattachaient au négoce finirent par être de la compétence des juges mercantiles, que les plaideurs fussent ou non adonnés au trafic.

D'une façon générale, les principes sur lesquels repose la procédure commerciale au Moyen-Age sont invariables. On constate toujours chez les marchands, quand on change de siècle ou de pays, le même besoin de simplicité, de rapidité, d'économie, qui les portait à réclamer la suppression des formalités, l'abréviation des délais, la limitation des cas d'appel. Si, en Allemagne et à Lyon, l'on trouve à certaines époques une procédure assez compliquée, il ne faut pas oublier qu'elle fut introduite par les juristes, que les marchands ne l'acceptèrent jamais et qu'ils la combattirent avec tant de vigueur que son existence fut éphémère.

(1) On se rappelle la *cognitio extraordinaria* du bourgmestre allemand « *in causis liquidis et executivis* ».

En somme, alors que les marchands de l'antiquité n'ont légué au Moyen-Age que des institutions judiciaires à peine ébauchées, les négociants modernes n'ont guère eu qu'à suivre les errements de leurs ancêtres du XVe ou du XVIe siècle. On peut dire sans exagération que c'est au Moyen-Age qu'ont été créées les juridictions commerciales d'aujourd'hui.

Cette affirmation servira peut-être d'argument à ceux qui rêvent actuellement de détruire les tribunaux de commerce (1). Ils ne manqueront sans doute pas l'occasion d'allonger encore la longue liste de leurs griefs (2). Les tribunaux de commerce, diront-ils, avaient leur raison d'être jadis, quand le droit commercial était purement coutumier, quand les tribunaux civils suivaient une procédure inextricable. Il y a aujourd'hui des lois écrites. Les magistrats ordinaires comprennent la nécessité d'aller vite. De quoi s'autoriserait-on désormais pour maintenir une institution surannée, qui doit avoir vécu son temps, puisque son origine remonte au delà des premières croisades ?

Pour nous, nous ne sommes pas inquiet sur le sort des magistrats commerciaux. A coup sûr, leur création date de loin ; elle rappelle bien des choses démodées ou disparues. Mais peut-on méconnaître que ces magistrats ont constamment cherché à se dégager de leurs origines, à faire oublier quand et comment ils étaient apparus ? Qu'on cherche aujourd'hui dans les pays de l'Europe occidentale, un tribunal de commerce dont l'existence soit liée à celle d'une bourse, d'une foire, d'une corporation ! Où le trouvera-t-on ? Les juridictions commerciales n'ont cessé d'o-

(1) On n'a pas oublié les rudes assauts que les tribunaux de commerce ont eu à soutenir ces dernières années, principalement en Belgique et en Italie. Dans ce dernier pays, ils ont été abolis en 1889.

(2) Au sujet des reproches adressés aux tribunaux de commerce, voyez Lyon-Caen, *De la juridiction commerciale en France et dans les principaux États* (Annales de l'École des sciences politiques, 1886, pp. 566 et suiv.).

béir bénévolement à l'inéluctable loi du progrès. Maintes fois déjà, elles ont bénéficié de cette tactique. Elles n'ont qu'à y rester fidèles pour ne jamais connaître ni la vieillesse, ni les disgrâces irrémédiables.

Vu :

Le Président de la thèse,
E. THALLER.

Vu :

Le Doyen,
E. GARSONNET.

Vu et permis d'imprimer :
Le Vice-Recteur de l'Académie de Paris,
GRÉARD.

BIBLIOGRAPHIE

Altmeyer. — Histoire du comptoir hanséatique d'Anvers. Bruxelles, 1848.

Blancard. — Documents inédits sur le commerce de Marseille, 1884-85.

Bourquelot. — Histoire des foires de Champagne (Mémoires présentés à l'Académie des Inscriptions et Belles-Lettres par des savants étrangers, 2e série. Antiquités de la France, 1865, t. V).

Briegleb. — Geschichte des Exekutivprozesses, 1845.

Caillemer. — Etude sur les institutions juridiques d'Athènes (Institutions commerciales d'Athènes au siècle de Démosthène, 1865).

Canale. — Storia del commercio, dei viaggi, etc. degl. Italiani. Gênes, 1866.

Capefigue. — Histoire des grandes opérations financières, banques, bourses, emprunts, compagnies industrielles. Paris, 1853-58.

Charpin-Feugerolles (Comte de). — Les Florentins à Lyon ; les Florentins en Pologne. Lyon, 1894.

Chassignet. — Essai historique sur les foires françaises au Moyen-Age.

Christophorus Scheurl. — De judiciis reipublicae Noribergensis, 1690.

Cibrario (Luigi). — Economie politique du Moyen-Age (Traduction Barucand).

Ciccaglione. — Storia del diritto italiano. Naples, 1884.

Creizenach. — Das Vesen und Virken der Handelsgerichte (*Zeitschrift für das gesammte Handelsrecht*, vol. IV, 1861).

Del Vecchio et Casanova. — Le rappresaglie nei comuni medievali et specialmente in Firenza (*Rivista historica italiana*, 12e année, 3e fascicule).

Denière. — La juridiction commerciale à Paris, 1872.

Depping. — Règlement sur les arts et métiers de Paris, rédigé au XIIIe siècle et connu sous le nom de « Livre des métiers d'Etienne Boileau ».

— Histoire du commerce entre le Levant et l'Europe depuis les croisades jusqu'à la fondation des colonies d'Amérique.

Doren. — Untersuchungen zur Geschichte der Kaufmannsgilden des Mittelalters, 1893.

Du Cange. — Glossarium mediae et infimae latinitatis.

Ehrenberg (Richard). — Das Zeitalter der Függer.

Endemann. — Beiträge zur Kenntniss des Handelsrechts im Mittelalter (in *Zeitschrift für das gesammte Handelsrecht*, 5e vol.).

Esmein (A.). Cours élémentaire d'histoire du Droit français. Paris, 1895.

Fabre (Augustin). — Histoire de Marseille.

Fagniez. — Etudes sur l'industrie et la classe industrielle à Paris au XIIIe et au XIVe siècle, 1871.

Falke. — Die Geschichte des deutschen Handels. Leipzig, 1859-60.

Fayard. — Etude sur les anciennes juridictions lyonnaises. Paris, 1867.

Frémery. — Etudes de droit commercial.

Génevois (Ernest). — Histoire critique de la juridiction consulaire. Toulouse, 1868.

Gengler. — Beiträge zur Rechtsgeschichte Bayerns. Leipzig, 1889.

Germain. — Histoire du commerce de Montpellier, 1861.

Giraud. — Essai sur l'histoire du droit français au Moyen-Age. Paris, 1846.

Giudici (Emiliano). — Storia dei comuni Italiani. Florence, 1864-66.

Glasson. — Les juges et consuls des marchands (*Nouvelle Revue historique de droit français et étranger*, 1897, no 1).

Goldschmidt. — Handbuch des Handelsrechts. Stuttgard, 1891.

Gragnon-Lacoste. — Précis historique de juridiction consulaire. Paris, 1860.

Hauleville (Prosper de). — Histoire des communes lombardes depuis leur origine jusqu'à la fin du XIIIe siècle. Paris, 1857-58.

Hegel (Karl). — Städte und Gilden der germanischen Völker im Mittelalter. Leipzig, 1891.

Heyd. — Histoire du commerce du Levant au Moyen-Age (traduction française). Leipzig, 1885-86.

Hüllmann. — Städteven des Mittelalters, 1827.

Inama-Sternegg. — Deutsche Wirtschaftsgeschichte, 1891.

Isambert. — Anciennes lois françaises.

Janssen. — L'Allemagne à la fin du Moyen-Age (Traduction française), 1887.

Julliany. — Essai sur le commerce de Marseille, 1834.

Kœhne. — Das Hansgrafenamt. Berlin, 1893.

Lamprecht. — Deutsches Wirtschafteleben im Mittelalter. Leipzig, 1886.

Lastig (G.). — Entvickelungsvege und Quellen des Handelsrechts, 1877.

Lattes (Alessandro). — Il diritto commerciale nella legislazione stutaria delle citta italiane. Milan, 1883.

— Studj di diritto statutario, 1887.

Legré. — De l'influence des anciennes lois marseillaises sur notre législation commerciale actuelle. Marseille, 1862.

Lehmann. — Der Königsfriede der Nordegermanen, 1886.

Leroux de Lincy. — Histoire de l'Hôtel de Ville de Paris.

Lyon-Caen. — De la juridiction commerciale en France et dans les principaux États (*Annales de l'Ecole des Sciences politiques*, 1886).

Marperger. — Neueröffnetes Handelsgericht. Hambourg, 1709.

Marquardus (Johannes). — Tractatus politico-juridicus de jure mercatorum et commerciorum, 1662.

Mas-Latrie (De). — Le droit de marque ou droit de représailles au Moyen-Age (*Biblioth. de l'Ecole des Chartes*, 1866).

Ménard. — Histoire de la ville de Nîmes.

Miltitz (A. de). — Manuel des consuls, 1837.

Mommsen et **Marquardt.** — Manuel des antiquités romaines.

Monceaux (Paul). — Les proxénies grecques. Paris, 1885.

Muratori. — Antiquitates italicæ medii ævi, 1738-42.

Nouguier. — Des tribunaux de commerce.

Pardessus. — Collection des lois maritimes antérieures an 18e siècle.

— Discours sur l'origine et les progrès de la législation et de la jurisprudence commerciales. Paris, 1820.

Perrens. — Histoire de Florence. Paris, 1877.

— La civilisation florentine du XIIIe au XVIe siècle, 1893.

Pigeonneau. — Histoire du commerce de la France des origines à la fin du XVe siècle.

Planck. — Das deutsche Gerichtsverfahren im Mittelalter, 1879.

Port (G.). — Essai sur l'histoire du commerce maritime de Narbonne, Paris, 1854.

Primaudaie (de la). — Etude sur le commerce au Moyen-Age. Paris, 1848.

Rivière. — Etude sur les tribunaux de commerce (*Revue pratique de Droit français*, tome XX):

Ruffi. — Histoire de Marseille.

Sartorius. — Geschichte der deutschen Hansa. Gœttingue, 1802-1808.

Savigny. — Geschichte des Römischen Rechts im Mittelalter.

Schæffner. — Geschichte der Rechtsverfassung Frankreichs, 1845-50

Schaube. — Die pisanischen consules mercatorum im zvölften.

Jahrhundert (*Zeitschrift für das gesammte Handelsrecht*, 41e vol. 1893).

— Das Consulat des Meeres in Pisa (Collection Schmoller; *Staats und socialwissenschaftliche Forschungen*, 8e vol.).

— La proxénie au Moyen-Age (*Revue de droit international et de législation comparée*, n° 5, 1896).

Schœmann. — Das attische Procesz, 1824.

Schrœder. — Lehrbuch der deutschen Rechtsgeschichte. Leipzig, 1889.

Sclopis. — Histoire de la législation italienne (traduction française). Paris, 1863.

— La législation italienne dans ses rapports avec l'industrie et le commerce au XIIIe et au XIVe siècle (*Revue de législation*, 1843).

Silberschmidt. — Die Entstehung des deutschen Handelsgerichts. Leipzig, 1894.

Sismondi. — Histoire des républiques italiennes.

Sohm.— Die Entstehung des deutschen Stådtvesens. Leipzig, 1890.

Thaller. — De la place du commerce dans l'histoire générale et du droit commercial dans l'ensemble des sciences (*Annales de droit commercial*, 1892).

Toubeau. — Les institutes du droit consulaire ou les éléments de la jurisprudence des marchands.

Vaesen. — La juridiction commerciale à Lyon sous l'ancien régime. Lyon, 1879.

Valroger (L. de). — Les consuls de la mer au Moyen-Age (*Nouvelle revue historique*, 1891).

Varèse. — Histoire de la république de Gênes.

Vincens. — Histoire de la république de Gênes. Paris, 1842.

Wauters.— Les guildes commerciales au XIe siècle (*Bulletin de l'Académie royale de Belgique*, 2e série, t. XXXVII, 1874.

Worms. — Histoire commerciale de la ligue hanséatique. Paris, 1864.

TABLE DES MATIERES

Pages

AVANT-PROPOS

Liste sommaire des publications relatives aux tribunaux de commerce au Moyen-Age ; leur petit nombre, leur caractère spécial. 1
Utilité d'une étude d'ensemble. 2
Plan général 3

INTRODUCTION. — **Les juridictions commerciales dans l'Antiquité.**

Nécessité pour les marchands d'être soumis à un régime judiciaire particulier. 5
Comment les Anciens ont satisfait à cette nécessité : deux solutions 6
Les tribunaux de commerce à Athènes : les thesmothètes, les nautodices, les épagogues. 6
Absence de juridictions commerciales à Rome 12
Raisons de cette lacune 14
Moyens employés pour y suppléer 16
Résumé : pour l'institution des tribunaux de commerce, le Moyen-Age n'a pu s'inspirer de l'Antiquité 17

PREMIÈRE PARTIE

LES JURIDICTIONS COMMERCIALES ITALIENNES.

PRÉAMBULE. — *Insuffisance du droit commun en matière commerciale après les invasions barbares*. 19

CHAPITRE PREMIER. — **Les tribunaux de commerce italiens à l'intérieur de l'Italie.**

SECTION I. — *Les origines et le développement de la compétence.*

Rapports intimes de l'organisation judiciaire et de l'organisation politique 22
Etat politique de l'Italie vers le Xe siècle 23
Triomphe des corporations : les *consules de communi*. 24
Confusion des divers pouvoirs ; son importance pour le développement ultérieur de la juridiction corporative. 25

Dédoublement des fonctions exercées par les *consules de communi* : les *consules judices*, les *consules mercatorum* . . . 27
Les *consules mercatorum* ont-ils été d'abord des juges exclusivement commerciaux ? 27
Théorie de Bartholus, de Marquard et de Straccha. 28
Réfutation. 29
Rôle des *consules mercatorum* au sein de la corporation : leurs attributions judiciaires 31
Objection : difficulté qu'il y a à concevoir un litige entre compagnons d'une même corporation 32
Réponses 33
Fondements de la juridiction corporative : son caractère contractuel, son caractère arbitral 35
Etat primitif de la juridiction corporative à Florence : le prieur tout d'abord est plutôt un officier de police qu'un juge. . . . 38
Insuffisance des moyens de contrainte dont disposaient les arts. 39
Remèdes successifs apportés à cette insuffisance : fondation de la *mercanzia* 39
Faiblesse primitive de la *mercanzia*. 41
Sa supériorité par rapport aux tribunaux de droit commun : conséquences 42
Moyens indirects d'obliger les non-affiliés à porter leurs litiges devant la *mercanzia* 43
Caractère privé de la *mercanzia* : il met longtemps obstacle au développement de la compétence. 44
Les représailles. Préjudice qu'elles causent au commerce . . . 45
Intervention de la *mercanzia* en faveur de leur suppression. . 47
La *mercanzia*, tribunal d'Etat 48
Ses privilèges ; avantages qu'elle offrait aux plaideurs 49
Elargissement de sa compétence, qui s'étend même aux affaires des étrangers 51
Tendance de la compétence à prendre un caractère objectif. . . 53
Résumé 53

SECTION II. — *L'organisation.*

Application générale du principe électif: les marchands électeurs de leurs juges. 54
Nombre des juges ; mode d'élection. 55
Eligibilité ; révocabilité 56
Composition mixte du tribunal : rôle des juristes 57

SECTION III. — *La procédure.*

Principes fondamentaux: proscription du formalisme ; brièveté. 58
La Clémentine *Saepe*. Son influence : simplification et accélération de la procédure. 60
Limitation des exceptions, des répliques ; suppression des *positiones*. 63

Marche ordinaire d'une affaire devant les juridictions consulaires 65
Qui pouvait ester ? 66
Compétence *ratione loci*. 67
Instruction de l'affaire. 68
Délibération. Conditions de validité de la sentence 69
Sort du coutumace. 71
Appel. 72
Tribunal de troisième instance. 74
Influence de l'Eglise sur les progrès de la procédure commerciale. 75

SECTION IV. — *Mode de constitution du droit commercial italien.*

Formation d'un droit particulier à la corporation 77
Application de ce droit à la ville entière 78
Unification du droit commercial ; les *emendatori* 78

SECTION V. — *Résumé*. 79

CHAPITRE II. — **Les tribunaux de commerce italiens en dehors de l'Italie.**

Importance du commerce extérieur des Italiens 81
Les *consules missi* 82
Les *consules electi*. 83
Les *consules hospites* 84
Ressemblances et différences du consul hospes et du proxène antique 85
Influence du consul hospes sur le rayonnement du droit commercial italien 86
Importance du consul hospes pour la propagation des tribunaux mercantiles 87
Base fondamentale de l'institution du consul hospes : la réciprocité de traitement entre les Etats. 88

DEUXIÈME PARTIE

LES JURIDICTIONS COMMERCIALES ALLEMANDES.

CHAPITRE PREMIER. — **Les tribunaux sédentaires de l'intérieur de l'Allemagne**

Etat de l'Allemagne au IXe siècle 91
Mission protectrice du souverain vis-à-vis des marchands . . . 92
Formation d'un droit commercial rudimentaire: le droit de marché 94
Le tribunal du marché 95

Lien historique entre les tribunaux de marché et les tribunaux de commerce 97
Évolution du tribunal urbain. Trois phases : élévation des marchands à l'échevinat, effacement du schultheist, sectionnement du tribunal 98
Importance de la troisième phase ; examen détaillé. 99
Les premiers cas de justice accélérée : affaires concernant les étrangers ; dettes reconnues 100
Cognitio extraordinaria du bourgmestre 101
Temps d'arrêt dans les progrès de la procédure : le rôle des juristes. 102
Violente réaction : regain de faveur de la procédure sommaire. 104
Extension de la *cognitio extraordinaria* du bourgmestre . . . 105
Les Fronboten 106
Le tribunal arbitral, à Francfort. 107
Les empiètements du comte de la Hanse sur le schultheist. . . 108
Le privilège de 1508, à Nuremberg 109
Principes essentiels qui y étaient contenus . . . ; 110
Comparaison entre le tribunal de Nuremberg et celui de Leipzig : leur ressemblance. 112
Influence des foires : elles ont précipité l'apparition des juridictions commerciales. 114
Caractères du tribunal de commerce allemand à la fin du Moyen-Age 115
Importance de la procédure ; sa simplicité, sa rapidité. 116
L'organisation ; sa variété 117
La compétence ; prédominance du caractère subjectif. 117
Résumé. 118

CHAPITRE II. — **Les hansgraves et les aldermans**

Le hansgrave, juge commercial ambulant 119
Date de son apparition. 120
Ressemblances et différences avec les *consules mercatorum* italiens. 121
L'aldermann, juge commercial des Allemands expatriés 123
Les Hanséates en Angleterre. 123
Les Hanséates en Danemark, aux Pays-Bas, en France . . . 125
Caractère corporatif des tribunaux de commerce ambulants ou établis à l'étranger. 127

TROISIÈME PARTIE

LES JURIDICTIONS COMMERCIALES FRANÇAISES.

PRÉAMBULE. — *Nécessité d'adopter pour l'étude des juridictions commerciales françaises la méthode régionale.* . 129

CHAPITRE PREMIER. — **Le groupe du sud-est.**

Etat commercial de la région méditerranéenne au XIIe et au XIIIe siècle 131
Influence de l'Italie sur le développement des juridictions commerciales de cette région 132
Influence du régime municipal 133
Influence des croisades : les consulats marseillais, narbonnais, etc., dans le Levant 134
Création de juges-marchands à Marseille. Date exacte de cette création. 135
La juridiction narbonnaise 138
Le bayle de Montpellier. 139
Résumé. 140
Juridictions commerciales des Provençaux à l'étranger 141

CHAPITRE II. — **Le Parloir aux Bourgeois.**

Son origine, son développement 144
Etait-ce une vraie juridiction commerciale ? Non. 146

CHAPITRE III. — **Les gardes des foires de Champagne et de Brie.**

Prédominance de l'influence royale dans l'organisation de ces tribunaux. 148
L'influence italienne : rapports de l'Italie et de la Champagne. 150
Le *capitaneus*. 151
Date de l'apparition des gardes. 152
Mode de nomination ; durée du mandat 152
Attributions judiciaires : Le garde tend de plus en plus à devenir un magistrat purement commercial. 154
Compétence commerciale du garde. 156
Procédure : simplicité, rapidité. Plaidait-on par procureur ?. . 157
Exécution des sentences. Défense des foires. Saisie. 159
Appel. 162
Cour des Grands Jours de Troyes. Appelait-on de ses arrêts au Parlement de Paris ? Thèse de M. Boutiot. Réfutation. . . . 163
Décadence des foires de Champagne. Affaiblissement du pouvoir des gardes. Le Conservateur des foires de Champagne et de Brie. 165

CHAPITRE IV. — **La Conservation de Lyon.**

Influence du conseil de ville sur le développement de la Conservation. 167
Identité primitive du régime judiciaire aux foires de Champagne et à celles de Lyon. 169
Ordonnance de 1463 : le sénéchal, juge des marchands. Sa compétence. 169

Ordonnance de 1464 : le « prud'homme suffisant et idoine ». . . 170
Le « lieutenant de monsieur le bailli ». Sa culture intellectuelle. 171
Séparation des charges de conservateur et de sénéchal. 172
Eclipse momentanée de l'influence municipale. 173
Efforts du Consulat pour obtenir le retour au régime de 1464.. 173
Edit de 1583. Le Parlement de Paris refuse de l'enregistrer . . 175
Etats Généraux de 1588. Propositions des délégués lyonnais. . 176
Assemblées de 1610 et de 1615. 177
Edit de 1655. 179
Organisation de la Conservation : l'influence royale diminue ; l'influence municipale s'affirme 180
Compétence de la Conservation. Ses variations. Son caractère forain, à l'origine. 181
Transformation de la compétence au XVIe siècle. 183
Procédure de la Conservation : sauf au début, elle est compliquée et formaliste 185
La Conservation est-elle le trait d'union entre les juridictions purement foraines et les tribunaux de commerce modernes ? Oui 186

CHAPITRE V. — **La création des juges-consuls.**

Etat du commerce français au XVIe siècle. Nécessité d'une justice expéditive, facilement abordable 188
Défectuosité de l'organisation judiciaire : luttes des juridictions ; fâcheuse influence des juristes sur la procédure, urgences des réformes. 189
Les tribunaux de bourse : leur parenté avec les tribunaux de foire. 192
Edit sur l'arbitrage forcé : échec de L'Hôpital 194
Edit de 1563 ; son esprit. 196
Organisation du tribunal consulaire : mode d'élection des juges. 197
Compétence des juges-consuls 198
Procédure : simplicité, rapidité, économie. 200
Propagation des tribunaux consulaires : édits de 1565 et de 1576, lettres-patentes de 1580 202
Caractère définitif de l'organisation de 1563 203
Parallèle entre les diverses juridictions commerciales françaises. 205

CONCLUSION.

Les juridictions commerciales du Moyen-Age sont-elles une copie de celles de l'antiquité ? Non. 209
Vrai pays d'origine des juridictions commerciales : l'Italie . . 209
Fondement des juridictions commerciales. Différences entre l'Italie, l'Allemagne et la France. 211

Organisation des tribunaux de commerce : succès plus ou moins complet du principe électif ; composition du tribunal. 212
Compétence. Son caractère subjectif à l'origine. Son développement 213
Procédure : caractères généraux. 214
Progrès constants et avenir des tribunaux de commerce. . . . 215
Bibliographie. 217

Imp. G. Saint-Aubin et Thevenot. — J. Thevenot, successeur. St-Dizier (Hte-Marne).

Imp. G. Saint-Aubin et Thevenot. — J. Thevenot, successeur, Saint-Dizier (Hte-Marne)

www.ingramcontent.com/pod-product-compliance
Ingram Content Group UK Ltd.
Pitfield, Milton Keynes, MK11 3LW, UK
UKHW020136220726
13923UKWH00001B/189

9 782019 299347